Michael Galecki

Vom Fließband-Arbeiter zum Immobilien-Millionär

Michael Galecki

Vom Fließband-Arbeiter zum Immobilien-Millionär

Telemach-Verlag

Bibliografische Information der Deutschen Nationalbibliothek
Die Deutsche Nationalbibliothek verzeichnet diese Publikation in der Deutschen Nationalbibliografie; detaillierte bibliografische Daten sind im Internet über http://dnb.dnb.de abrufbar.

MIX
Papier | Fördert gute Waldnutzung
FSC® C010798
FSC
www.fsc.org

1. Auflage

Königsberger Str. 16, 55218 Ingelheim am Rhein
www.mentoren-verlag.de

Umschlaggestaltung: Nadine Nagel, Mainz
Autorenfoto: Marina Buch, Wickede
Projektleitung: Ulrike Luckmann, AutorenCamp, München
Lektorat: Christof Mönchhalfen, Kierspe
Korrektorat: Deniz S. Özdemir, Mainz
Satz und Layout: Deniz S. Özdemir, Mainz
Grafiken: Nadine Nagel, Mainz

ISBN: 978-3-98641-235-7

Inhalt

Ein Wort in eigener Sache
Warum du in diesem Buch QR-Codes findest

Bevor du in die Inhalte dieses Buches eintauchst, möchten wir dir etwas Persönliches mit auf den Weg geben. In den kommenden Kapiteln wirst du immer wieder auf QR-Codes stoßen – sie führen dich direkt zu einer sorgfältig zusammengestellten Werkzeugliste: Buchempfehlungen, Seminare, Ressourcen und Impulse, die dich auf deinem Weg begleiten und unterstützen können.

Viele dieser Empfehlungen führen über sogenannte Affiliate-Links. Was bedeutet das genau? Wenn du dich entscheidest, eines dieser Bücher oder Seminare über den jeweiligen Link tatsächlich zu kaufen, erhalten wir dafür eine kleine Provision vom Anbieter. **Für dich ändert sich nichts – weder der Preis noch der Ablauf. Der einzige Unterschied: Dein Kauf unterstützt einen guten Zweck.**

https://www.galecki-powerkids.de

Denn nicht nur die Einnahmen aus diesen Affiliate-Links, sondern auch **sämtliche Erlöse dieses Buchprojekts** selbst – vom Verkauf über Weiterempfehlungen bis hin zu Kooperationsanteilen – **fließen vollständig in unsere gemeinnützige GmbH zur Förderung von Kindermindset und Persönlichkeitsentwicklung bei**

Jugendlichen. Wir glauben: Die Welt verändert sich, wenn Kinder früh lernen, groß zu denken, an sich zu glauben und Verantwortung für ihr Leben zu übernehmen.

Du entscheidest selbst, ob du die QR-Codes nutzt. Sie sind ein Angebot, keine Erwartung. Doch vielleicht ist es genau dieser eine Klick – bei dem du ohnehin ein Buch oder Seminar kaufen wolltest –, der nicht nur dir dient, sondern auch einem jungen Menschen eine neue Perspektive schenkt.

Danke, dass du Teil dieser Bewegung bist.
Und danke, dass du Wirkung hinterlässt – ganz ohne Mehraufwand.

Vorwort von Dr. Stefan Frädrich

Oft hören wir Geschichten, die uns glauben lassen, dass Erfolg nur den wenigen Auserwählten vorbehalten ist. Irrtum! Auf den Seiten dieses Buches findest du eine Stimme, die eine andere Wahrheit verkörpert – die eines Fließbandarbeiters, der seinen Traum vom finanziellen und persönlichen Erfolg verwirklicht hat.

»Vom Fließband-Arbeiter zum Immobilien-Millionär« ist mehr als eine Autobiografie. Es ist ein leidenschaftlicher Aufruf zur Veränderung. Der Autor zeigt uns, dass der Glaube an die eigenen Fähigkeiten, gepaart mit unerschütterlichem Willen und der Bereitschaft zu lernen, selbst die tiefsten Gegenden des Zweifels überwinden kann. Mit seiner authentischen Erzählung lädt er uns ein, mit ihm auf die Reise zu gehen – zu den Momenten des Kampfes und letztlich des Sieges.

In jedem Kapitel spüren wir die Energie und Entschlossenheit, die es braucht, um über die eigene Herkunft, innere Limitierungen und letztlich sich selbst hinauszuwachsen und das vermeintlich Unmögliche zu erreichen. Lass dich inspirieren und ermutigen, deine eigenen Grenzen infrage zu stellen. Die Hoffnung und der Mut, die in diesen Seiten pulsieren, können auch dein Leben transformieren. Pack auch du dein Potenzial – die Zeit für Veränderung ist jetzt!

Herzlichst,
Dein Stefan Frädrich

Einleitung

»Das Leben, so sagt man, gleicht einem zyklischen Ablauf, in dem sich die Zeiten wandeln.«

Sicherlich sind dir diese Worte bekannt: »Gute Zeiten formen schwache Menschen, schwache Menschen schaffen schlechte Zeiten, schlechte Zeiten formen starke Menschen, und diese wiederum erschaffen gute Zeiten.« Es spielt keine Rolle, an welchem Punkt dieses Kreislaufs du dich gerade befindest.

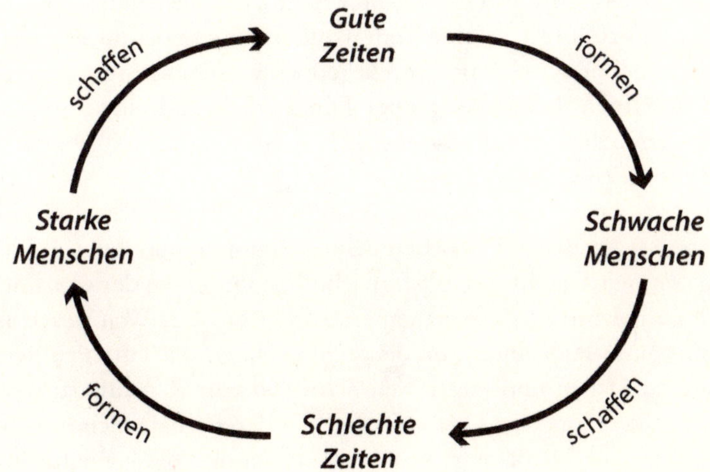

Abbildung 1: Starke und schwache Menschen

Bist du Angestellter, Selbstständiger oder Unternehmer, oder strebst du danach, es zu werden? Bist du auf der Suche nach höheren Zielen und fragst dich, wie du diese erreichen kannst? Vielleicht fühlst du dich unsicher, spürst eine leichte Angst und bist dir nicht sicher, welche Schritte du zuerst gehen sollst. Strebst du nach der nächsten Stufe deiner beruflichen Entwicklung, findest aber den Weg dorthin nicht? Oder möchtest du deine unternehmerischen Fähigkeiten verbessern, um leichter und schneller voranzukommen? Oder stehst du vielleicht noch ganz am Anfang und weißt nicht genau, mit welchem Thema du dich selbstständig machen möchtest? Für all diese Situationen habe ich viele Inspirationen für dich.

Stelle dir vor, das Leben, das du aktuell führst – die Person, die du bist und alles, was du bislang erreicht hast –, ist ein Raum. Dieser Raum hat sich aus deiner Vergangenheit heraus entwickelt, geformt durch Erziehung, deine Eltern, die Schule, prägende Erlebnisse, Menschen und die Umgebung, die dich umgeben haben, und vor allem durch dein Denken und deine Taten.

Direkt daneben liegt ein weiterer Raum, der die Zukunft darstellt, die du dir erträumst – deine Traumzukunft. Zwischen diesen beiden Räumen befindet sich eine Tür, die jedoch verschlossen ist. Um diese Tür zu öffnen, bedarf es zweier Dinge: dich und einen Schlüssel. Ohne den Schlüssel – und ohne dich – ist es nicht möglich, die Tür zu deinen Träumen zu öffnen.

Dieses Buch beinhaltet das Wissen, das den Schlüssel symbolisiert, es ist die Brücke zwischen deinen Träumen und deren Realisierung. Es bietet nicht nur biografische Einblicke, sondern verknüpft diese geschickt mit praxisnahen Learnings aus der Welt des Unternehmertums. Hier findest du den Schlüssel, um die Türen zu deinen Zielen zu öffnen und den ersten Schritt in eine Zukunft zu setzen, die du selbst gestaltest. Dies erfordert die Bereitschaft, sich zu öffnen und die eigene Denkweise infrage zu stellen und diese eventuell wie ein Computerprogramm zu überschreiben.

Mein Weg begann von ganz unten, in einer Zweizimmerwohnung, ohne Kapital, mit einer Umgebung, die alles andere als motivierend und unterstützend war. Diese schlechten Zeiten haben mich stark gemacht, getragen von der Überzeugung, dass allein ich es bin, der meine Zukunft gestalten kann. Als Angestellter ließ mich der Gedanke nicht los, was ich wohl tun könnte, um ein anderes, ein erfüllteres Leben zu führen. Getrieben von einem tiefen Verlangen und einem Willen, mein Leben zu leben, ergab sich schließlich die erste Gelegenheit, auf der ich aufbauen konnte. Über eine lange Zeit hinweg balancierte ich zwischen Angestelltenverhältnis, Selbstständigkeit und Unternehmertum, machte dabei Fehler, nach denen ich aufstand und aus denen ich letztendlich noch mehr lernte.

Ich nehme dich mit auf meinen Weg vom Angestellten zum Immobilienunternehmer und Investor, weil ich nicht nur mein Leben lang davon träumen wollte, Multimillionär zu sein, und auch nicht ewig darauf hinarbeiten, indem ich spare, sondern ich wollte es so schnell wie möglich. Immerhin hat das »schnell« knapp fünf Jahre gedauert – und nun bin ich es!

Der Gedanke daran, dieses Wissen mit dir zu teilen, macht mich überglücklich, denn auch ich wurde mit Wissen beschenkt und gebe es wie viele andere Autoren weiter. Die Regeln der Erfolgreichen habe ich erlernt, und ich möchte dich dabei unterstützen, selbst innerlich und äußerlich erfolgreich zu werden. »Schlaue Menschen lernen aus ihren eigenen Fehlern, während weise Menschen aus den Fehlern anderer lernen.« Fehler gehören zum Prozess, aber viele davon lassen sich vermeiden, und dieses Buch wird dir dabei helfen.

Um etwas zu erreichen, das du bislang nie geschafft hast, musst du zu jemandem werden, der du noch nie warst. Lass dich auf dieses Buch ein, denn in diesem Buch liegt der Schlüssel, doch es braucht dich, um ihn zu nutzen. Öffne dich, arbeite mit dem Buch, schreibe dir Dinge heraus, markiere und studiere den Schlüssel gründlich. Nur durch die Anwendung des Wissens wirst du deine Ziele erreichen.

Werde zum Schlüssel.

Kapitel 1
Das Fundament: Deine Basis für persönliches Wachstum und Erfolg

Bevor ich dir meine Geschichte »Vom unglücklichen Fließbandarbeiter zum erfolgreichen Immobilienunternehmer« erzähle, möchte ich, ähnlich wie beim Bau eines Hauses, mit dem Fundament beginnen. Was ist damit gemeint? Manche Menschen sind davon überzeugt, dass ein Fundament für ein glückliches Leben oder inneren wie äußeren Reichtum allein auf Geld und Glück basiert. Der eine hat es, der andere nicht. Aber ist das wirklich so?

Jeder von uns definiert Reichtum oder ein glückliches Leben anders. Für den einen ist es materieller Wohlstand, für den anderen sind es Ruhm und Anerkennung. Wieder andere betrachten Gesundheit als höchstes Gut. Noch vor einigen Jahren war für mich die Vorstellung eines finanziell unabhängigen Lebens und viel Geld zu haben, das ultimative Glück. Einige Zeit, nachdem ich mein Business gestartet hatte, wurde mir jedoch klar, dass Geld zwar ein wichtiger Faktor ist, um ein glückliches Leben zu führen, aber nicht der einzige. Ich dachte, finanzieller Erfolg würde mir automatisch Glück und Zufriedenheit bringen – doch das war nicht der Fall.

Ich erkannte, dass ich selbst darüber entscheide, ob ich glücklich oder unglücklich bin – und dass mein Glück nicht von äußeren Einflüssen wie Geld abhängt, sondern vielmehr davon, wie ich darauf reagiere und damit umgehe. Heute weiß ich, das Fundament eines erfüllten Lebens liegt in der eigenen Persönlichkeit, genauer gesagt, in der eigenen Denkweise. Dem Mindset. Darunter versteht man die Gesamtheit aller Überzeugungen und Einstellungen, die beeinflussen, wie man die Welt wahrnimmt und mit Herausforderungen umgeht. Bevor ich darauf eingehe und Beispiele nenne, lass mich zuerst erklären, was unter Mindset zu verstehen ist.

Der Begriff Mindset, der in letzter Zeit überall auftaucht, beschreibt die grundlegende Art und Weise, wie Menschen die Welt um sich herum wahrnehmen und interpretieren. Das umfasst Überzeugungen, Einstellungen und Annahmen über sich selbst ebenso wie alles um sich herum. Konkret bedeutet das: Das Mindset beeinflusst maßgeblich, wie jemand auf Herausforderungen reagiert, mit Misserfolgen umgeht und welche Ziele sich eine Person setzt. Das ist entweder förderlich oder hinderlich für das persönliche oder berufliche Wachstum. Ein förderliches Mindset zeigt sich zum Beispiel darin, dass Rückschläge grundsätzlich als Lernerfahrung betrachtet werden und nicht als Niederlage.

Ein wachstumsorientiertes Mindset, bei dem man daran glaubt, dass Fähigkeiten und Intelligenz durch Anstrengung und Lernen verbessert werden können, fördert Motivation und Resilienz. Das steht im klaren Gegensatz zur statischen Denkweise, bei der man annimmt, diese Eigenschaften seien unveränderlich.

Resilienz dagegen ist die Fähigkeit, mit schwierigen Situationen, Rückschlägen und Krisen umzugehen, ohne daran zu zerbrechen. Es bedeutet, sich trotz Widrigkeiten wieder aufzurichten, flexibel zu reagieren und gestärkt daraus hervorzugehen. Resilienz ist wie ein Muskel: Sie kann trainiert werden, indem man lernt, Probleme als Chancen zu sehen, Lösungen zu finden und in die eigenen Fähigkeiten zu vertrauen. Beispielsweise wird das Überwinden eines schwierigen Projekts im Beruf die Resilienz spürbar stärken.

Im Gegensatz dazu steht das statische Mindset oder die statische Denkweise, bei der man davon ausgeht, dass Fähigkeiten und Intelligenz unveränderlich sind. Das kann dazu führen, dass jemand Herausforderungen aus dem Weg geht, schneller aufgibt und Misserfolge als Beweis für die eigenen Unzulänglichkeiten ansieht.

Glaubenssätze sind die Bausteine, die das Mindset formen. Es sind tief verwurzelte Überzeugungen und Annahmen, die das eigene Denken, Verhalten und die Wahrnehmung der Welt beeinflussen. Sie stammen aus verschiedenen Quellen, etwa aus persönlichen

Erfahrungen, kulturellen Normen, der Erziehung oder religiösen Lehren. Beispielsweise kann die Erziehung, die Wert auf Eigenständigkeit legt, den Glauben in einem Kind so fördern, dass es durch sein Handeln Erfolge erzielt.

Glaubenssätze sind entweder positiv oder negativ. Sie haben grundsätzlich einen großen Einfluss auf die Eigenwahrnehmung und Interaktion mit anderen. Glaubenssätze formen Selbstbild und Identität. Sie bestimmen, wie man sich und die eigenen Fähigkeiten sieht. Sie beeinflussen außerdem das Verhalten sowie alle Entscheidungen, die man trifft. So wird beispielsweise der Glaube, dass man mit einem Vorhaben erfolgreich sein könnte, dazu motivieren, dass jemand mit viel Energie daran arbeitet und bereit ist, Risiken einzugehen. Im Gegensatz dazu würde die Annahme, dass man scheitern könnte, voraussichtlich dazu führen, dass man Herausforderungen lieber aus dem Weg geht.

Glaubenssätze wirken wie Filter, durch die Menschen die Welt sehen. Sie beeinflussen, wie du Ereignisse interpretierst oder darauf reagierst. Sie bestimmen die emotionalen Reaktionen in verschiedenen Situationen: Ein positiver Glaubenssatz fördert Hoffnung und Zuversicht, während ein negativer Angst und Zweifel noch verstärkt.

Glaubenssätze beeinflussen auch, wie du mit anderen Menschen umgehst und welche Art von Beziehungen du pflegst. Glaubst du beispielsweise, dass andere dich nicht wertschätzen, wirst du dich voraussichtlich in Beziehungen verschließen und Misstrauen gegen andere Menschen entwickeln.

Beispiele für Glaubenssätze:

Positiv:	»Ich bin fähig, meine Ziele zu erreichen.«
Negativ:	»Ich bin nicht gut genug und schaffe das eh nicht.«
Kulturell:	»Familie ist das Wichtigste im Leben.«
Religiös:	»Es gibt eine höhere Macht, die über unser Leben entscheidet.«

Glaubenssätze sind tief im Unterbewusstsein verankert. Bewusst oder unbewusst. Auch wenn sie einen erheblichen Einfluss auf unser Leben haben, nehmen wir diese tiefsten Überzeugungen gar nicht wahr. Hier ist ein Vergleich, der die immense Macht und das Ausmaß des Unterbewusstseins verdeutlicht: Wissenschaftler haben herausgefunden, dass das menschliche Gehirn pro Sekunde etwa elf Millionen Informationsbits aufnimmt, von denen jedoch nur rund 50 bis 120 Bits bewusst verarbeitet werden.[1] Das bedeutet, dass der größte Teil aller Entscheidungen, Reaktionen und Denkmuster unbewusst gesteuert wird. Das ist schwer vorstellbar. Klarer wird es, wenn man das Bewusstsein als Linie mit fünf Millimetern Länge darstellt, das Unterbewusstsein im Gegensatz dazu wäre dann gigantische elf Kilometer lang. Unglaublich, oder?

Genau diese Tatsache steht den meisten Menschen im Weg. Doch die eigene Denkweise ist die Grundlage für erfolgreiches Handeln und beeinflusst uns auf allen Ebenen des Erfolgs – sei es finanziell, geistig, in der Partnerschaft oder Gesundheit, in der Karriere oder Kindererziehung, sogar bei der Verwirklichung lang gehegter Träume und Lebensziele. Sie bestimmt, wie du mit Herausforderungen umgehst, welche Entscheidungen du triffst und wie konsequent du an deinen Zielen festhältst. Auch, ob du eine glückliche Beziehung führst, ein erfolgreiches Unternehmen aufbaust oder deine körperliche wie mentale Gesundheit stärkst. Alles beginnt mit der Art, wie du denkst und welche Glaubenssätze du in dir trägst.

Früher dachte ich, dass ich halt so bin, wie ich bin. Wenn andere damit nicht klarkommen, dann ist es so. Meinen Charakter verändern? Nein danke. Dieses Denken halte ich im Nachhinein gesehen für völlig falsch. Heute weiß ich: Wir können uns nicht nur verändern, sondern wir sollten es unbedingt tun.

---

1 Wilson, T. D. (2002). Strangers to Ourselves: Discovering the Adaptive Unconscious. Cambridge, MA: Harvard University Press, https://www.hup.harvard.edu/books/9780674013827; besucht am 08.04.2025.

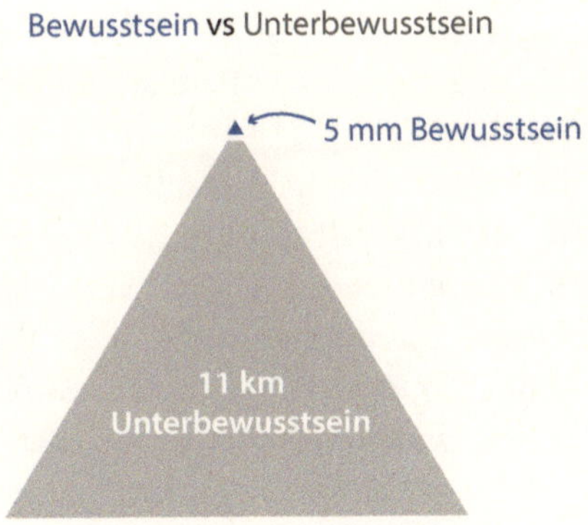

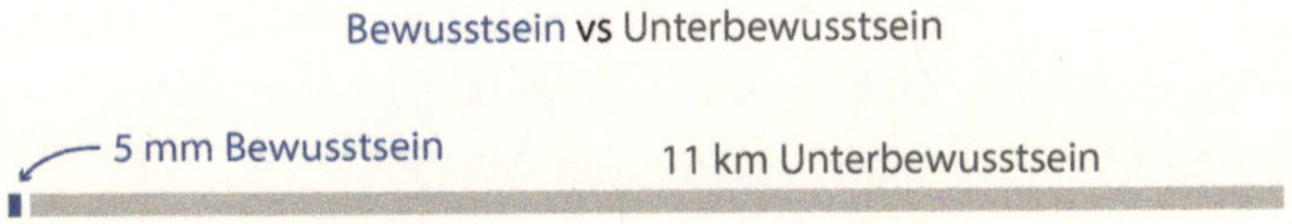

Abbildung 2: Bewusstsein und Unterbewusstsein

Eine Weisheit, die mir auf dem Weg der eigenen Veränderung die Augen öffnete, wird dem Buddha zugeschrieben: »Wir sind, was wir denken. Alles, was wir sind, entsteht aus unseren Gedanken. Mit unseren Gedanken formen wir die Welt.«[2] Dieses Zitat verdeutlicht, dass unsere aktuelle Lebenssituation immer von unseren Gedanken abhängt. Sie bestimmen, ob wir glücklich oder unglücklich, reich oder arm sind. Die Glaubenssätze, die unser Leben prägen, wurzeln tief in der Kindheit. Sie entstehen durch die Erziehung und die Werte, die uns von Eltern, Großeltern, Lehrern und anderen Autoritätspersonen vermittelt wurden. Diese Menschen haben uns erklärt, wie das Leben funktioniert. Sie haben uns durch ihr Handeln vorgelebt, was wir über uns und die Welt glauben sollten. Hinzu kommen Einflüsse der Umgebung und unsere persönliche Art - oder die der Eltern - auf

2 Buddha. D. Übersetzt von Eknath Easwaran, Nilgiri Press, 1985.

diese Reize zu reagieren. Alle diese Erfahrungen haben unsere Überzeugungen tief verankert und das heutige, innere Bild von uns und der Welt geformt.

Kinder lernen immer durch Nachahmung; sie übernehmen also das Verhalten der Eltern. Deshalb ist es wichtig, dass wir Eltern ihnen immer ein gutes Vorbild sind und positive Verhaltensweisen sowie stärkende Glaubenssätze vorleben. In unserer Rolle tragen wir eine hohe Verantwortung: Wir gestalten die Zukunft, indem wir unsere Kinder erziehen und prägen. Kinder sind unser größtes Vermächtnis. Die Art und Weise, wie wir sie großziehen, entscheidet darüber, wie ihre Welt morgen aussehen wird.

Eine Geschichte, die diese Wahrheit eindrucksvoll verdeutlicht, handelt von Thomas Alva Edison, dem Erfinder der Glühlampe. Als Edison noch ein kleiner Junge war, wurde er eines Tages von der Schule mit einem Brief nach Hause geschickt. Der Junge übergab ihn seiner Mutter. Sie las den Brief laut vor, während Tränen in ihren Augen standen:[3]

»Mrs. Edison, Ihr Sohn ist ein Genie. Diese Schule ist zu klein für ihn, und wir haben nicht genug gute Lehrer, um ihn angemessen zu fördern. Bitte unterrichten Sie ihn selbst.«

Jahre später, lange nach dem Tod der Mutter, durchsuchte Edison alte Familiensachen und fand diesen Brief. Diesmal las er, was tatsächlich darin geschrieben stand:

»Mrs. Edison, Ihr Sohn ist geistig zurückgeblieben. Wir wollen ihn nicht mehr in unserer Schule haben. Bitte unterrichten Sie ihn selbst.«

---

3 Library of Congress (o. J.). Life of Thomas Alva Edison, https://www.loc.gov/collections/edison-company-motion-pictures-and-sound-recordings/articles-and-essays/biography/life-of-thomas-alva-edison/; besucht am 08.04.2025.

Edison weinte stundenlang und schrieb dann in sein Tagebuch:

»Thomas Alva Edison war ein geistig zurückgebliebenes Kind. Durch eine heldenhafte Mutter wurde er zum größten Genie des Jahrhunderts.«

Diese Geschichte zeigt eindrucksvoll, welchen starken Einfluss Eltern auf ihre Kinder haben und wie entscheidend ihre Erziehung für deren Entwicklung sein kann. Edisons Mutter ließ sich nicht von der negativen Einschätzung der Schule beeinflussen und förderte stattdessen das Potenzial ihres Sohnes. Auf diese Weise konnte Edison zu einem der größten Erfinder seiner Zeit werden. Das schaffte die Mutter durch die Kraft der positiven Suggestion.

Was bedeutet Suggestion? Suggestion bezeichnet die Beeinflussung einer Person durch einen anderen Menschen. Es ist eine Form der Kommunikation, bei der eine Idee, ein Gedanke oder ein Verhalten in das Bewusstsein eines anderen »eingeführt« wird. Weil Mrs. Edison ihrem Sohn nichts von dem wahren Inhalt des Briefes erzählte, konnte sie ihn vor den negativen Suggestionen der Schule schützen.

Aber auch negative Beeinflussungen, die von Eltern an ihre Kinder weitergegeben werden, haben tiefgreifende und langanhaltende Auswirkungen auf das Selbstbild, das Selbstwertgefühl und die allgemeinen Überzeugungen der Kinder. Suggestionen begegnen uns ständig im Alltag, meist ohne dass wir sie bewusst wahrnehmen: Zum Beispiel kann ein Lehrer, der einem Schüler sagt: »Ich weiß, dass du diese Aufgabe lösen kannst!«, dies als positive Suggestion aussprechen, die den Schüler motiviert und an seine Fähigkeiten glauben lässt. Im Gegensatz dazu sind negative Suggestionen wie »Das wirst du nie schaffen!« dafür prädestiniert, dass ein Kind beginnt, an sich selbst zu zweifeln und automatisch die Anstrengungen, besser zu werden, reduziert.

In der Werbung wird Suggestion gezielt eingesetzt, um Menschen zu bestimmten Kaufentscheidungen zu bewegen – sei es durch Slogans, Bilder oder Emotionen, die in der Regel mit einem Produkt oder einer Dienstleistung verbunden sind. Beispiele für negative Suggestionen können auch in Form von Kritik und Abwertung auftreten. Das sind Aussagen wie: »Du machst immer alles falsch« oder »Du wirst nie etwas erreichen.« Solche Worte führen dazu, dass Kinder ein geringes Selbstwertgefühl entwickeln und an ihren Fähigkeiten zweifeln.

Auch übermäßige Besorgnis und Pessimismus der Eltern – etwa durch Aussagen wie: »Die Welt ist ein gefährlicher Ort« oder »Das kannst du gar nicht schaffen« – sind zwar gut gemeint, haben aber meist fatale, unerwünschte Auswirkungen: Die Kinder werden ängstlich und unsicher. Ihre Fähigkeit, Risiken einzugehen und neue, eigene Erfahrungen zu machen, kann sich nicht entwickeln.

Bedenklich sind Vergleiche mit anderen – etwa durch Aussagen wie: »Warum kannst du nicht so sein wie dein Bruder oder deine Schwester?« oder »Andere Kinder sind darin viel besser als du.« Solche Vergleiche führen in der Regel zu Minderwertigkeitskomplexen, Eifersucht und einem stark geschwächten Selbstvertrauen.

Bedingte Liebe und Akzeptanz, etwa durch Aussagen wie: »Ich liebe dich nur, wenn du gute Noten mit nach Hause bringst« oder »Du bist nur dann gut, wenn du gewinnst«, haben ebenfalls fatale Folgen: Kinder entwickeln das Gefühl, dass sie nur wertvoll sind, wenn sie eine bestimmte Leistung erbringen. Das führt zu einem gestörten Selbstbild und langfristig gesehen zu einem übermäßigen Bedürfnis nach äußerer Bestätigung. Kinder, die regelmäßig negativen Suggestionen ausgesetzt sind, neigen dazu, ein geringes Selbstwertgefühl zu entwickeln und an ihren Fähigkeiten zu zweifeln.

Zu den negativen Einflüssen gehört auch, Kinder anzuschreien. Wenn Eltern oder andere Erwachsene ihre Kinder häufig anschreien, kann das tiefgreifende, emotionale Spuren hinterlassen. Auch dann, wenn es in stressigen Momenten geschieht oder vermeintlich der Erziehung dient. Es vermittelt den Kindern unterschwellig die Botschaft, dass sie falsch und nicht gut genug sind.

Solche Erfahrungen prägen nachhaltig und führen dazu, dass Kinder bis ins Erwachsenenalter hinein Schwierigkeiten haben, Vertrauen in sich selbst aufzubauen und konstruktiv mit Kritik umzugehen. Kinder brauchen grundsätzlich eine Umgebung, die sie aufbaut, ihnen Sicherheit gibt und sie ermutigt, an sich zu glauben. Ständige negative Botschaften führen zu Angst und Unsicherheit, die Kinder in sich manifestieren.

Wiederholte negative Suggestionen verankern sich immer tiefer und formen schließlich massiv negative Glaubenssätze. Die manifestieren sich so stark, dass sie das Verhalten das ganze Leben lang unbewusst prägen, wenn man nicht daran arbeitet. Sie blockieren die persönliche Entwicklung und halten Menschen klein. Das beginnt in der Kindheit, dann, wenn Kinder unbewusst die einschränkenden Glaubenssätze der Erwachsenen übernehmen. Und ja, wir waren alle mal Kinder.

Der Begriff Autosuggestion beschreibt eine beabsichtigte Selbstbeeinflussung, bei der eine Person durch Wiederholung von Gedanken oder Aussagen die eigenen Einstellungen, das Verhalten oder Überzeugungen bewusst prägt. Das kann sowohl in die positive als auch negative Richtung gehen. Häufig stammen diese Gedanken aus den Erfahrungen, die wir von anderen übernommen haben.

Auch wenn es dazu keine spezifische wissenschaftliche Studie gibt, gehen Experten davon aus, dass jeder Mensch im Laufe seines Lebens über hunderttausend Mal mit negativen Suggestionen konfrontiert wird – sei es durch das gesellschaftliche oder familiäre Umfeld oder sogar durch sich selbst. Nämlich dann, wenn man in Form eigener Gedanken mit sich selbst spricht. Diese Botschaften können subtil sein oder klar formuliert. Beispiele: »Immer wieder mache ich diesen Fehler, wie blöd bin ich denn?« oder »Wie dumm von mir!« Ihre Wirkung hängt davon ab, wie häufig sie empfangen werden.

Wir haben es selbst in der Hand: Geben wir diesen negativen Einflüssen die Macht über unser Selbstbild und unsere Entscheidungen oder begegnen wir ihnen mit einem positiven und stärkenden Mindset? Dazu dürfen wir uns die Frage stellen, ob unsere Art, über etwas zu denken, richtig ist und ob diese Einstellung einer Veränderung bedarf. Das bewusste Auseinandersetzen mit eigenen Überzeugungen hat das große Potenzial, unser ganzes Leben völlig umzukrempeln und positiv zu beeinflussen. Mit der gezielten Arbeit an den Glaubenssätzen verändern wir unsere negative Sichtweise und verbessern die Lebensqualität auf unterschiedlichen Ebenen. Es wird die psychische Gesundheit gestärkt, denn negative Glaubenssätze nähren Angst und Unsicherheit, ja, sogar Depressionen. Die Umwandlung in die positive Richtung gibt innere Ruhe und stabilisiert das emotionale Gleichgewicht. Außerdem bewirkt es:

Erhöhte Resilienz: Positive Glaubenssätze fördern Empathie, Verständnis und Respekt anderen gegenüber. Das schafft harmonischere und bessere Beziehungen mit tieferen Verbindungen.

Höheres Selbstvertrauen: Positive Glaubenssätze über die eigene Person stärken das Selbstwertgefühl, steigern die Bereitschaft, Herausforderungen anzunehmen, und führen langfristig zu größeren Erfolgen.

Mehr Erfolg im Berufsleben: Positive Glaubenssätze fördern ein proaktives und lösungsorientiertes Mindset. Das trägt zur Verbesserung des beruflichen Engagements und der Leistungen bei.

Körperliche Gesundheit: Positive Glaubenssätze bewirken einen mentalen Zustand, der wiederum gesündere Entscheidungen unterstützt und nachweisbar das Immunsystem stärkt.

Erfüllteres Leben: Die Arbeit an den Glaubenssätzen und inneren Einstellungen führt zu tieferer Selbstreflexion, einem stärkeren Lebenssinn und mehr Zufriedenheit.

Die Auseinandersetzung mit Glaubenssätzen ist der Schlüssel zur Selbstverwirklichung und Verbesserung der Lebensqualität. Indem wir unsere Überzeugungen bewusst hinterfragen und Einschränkendes transformieren, öffnen wir die Tür zu einem erfüllteren Leben. Die innere Arbeit und das Loslassen negativer Glaubenssätze bewirken spürbare Veränderungen auf vielen Ebenen.

Eines meiner Lieblingszitate passt perfekt zu diesem Thema. Der Ursprung ist nicht eindeutig geklärt – es wird sowohl dem chinesischen Philosophen Laotse als auch dem Dalai Lama zugeschrieben. Die Worte sind kraftvoll, denn sie zeigen, dass jede noch so kleine Einstellung unser gesamtes Leben beeinflussen kann:

»Achte auf deine Einstellung, denn sie werden zu deinen Gedanken.
Achte auf deine Gedanken, denn sie beeinflussen deine Emotionen.
Achte auf deine Emotionen, denn sie beeinflussen deine Worte.
Achte auf deine Worte, denn sie werden zu deinen Taten.
Achte auf deine Taten, denn sie werden zu deinen Gewohnheiten.
Achte auf deine Gewohnheiten, denn sie formen deinen Charakter.
Achte auf deinen Charakter,
denn er besiegelt dein Schicksal und dein Karma.«

Durch unsere Einstellungen und Handlungen gestalten wir unser Schicksal und schaffen die Grundlage für unsere eigene Traum-Zukunft. Würde es sich nicht lohnen, dorthin zu kommen?

Darum meine Frage: Möchtest du Veränderung in deinem Leben? Dann fange bei dir selbst an, denn die Welt wird sich für dich nicht ändern. Darauf zu warten, wäre vergeblich. Also, lass uns die Ketten sprengen, die uns gefangen halten und davon abbringen, das zu erreichen, was wir wirklich wollen. Ganz gleich, was es ist. Packen wir es an!

Es ist einfacher, als es zunächst scheint. Du hast bereits erfahren, dass andere Menschen uns durch Suggestionen beeinflussen können. Doch wir selbst haben die Macht, uns bewusst dagegen zu entscheiden. Stattdessen können wir durch Autosuggestion – also durch positive Selbstbeeinflussung – unser Leben, die Einstellungen und das Mindset aktiv verändern und gezielt weiterentwickeln.

Diese Eigenbeeinflussung funktioniert am effektivsten durch Lesen oder Hören von Büchern, den Besuch von Seminaren oder die Unterstützung eines Coaches. Lernforscher sind sich einig, dass praktische Anwendung die effektivste Methode ist, um Wissen nachhaltig zu vertiefen. Demnach lernen wir zehn Prozent durch Lesen, zwanzig Prozent durch Hören und siebzig Prozent durch das Anwenden und Umsetzen.[4]

Als ich begann, Bücher zu konsumieren, arbeitete ich als Angestellter in der Produktion am Fließband. Diese Arbeit war so monoton, dass die meisten meiner Kollegen – mich eingeschlossen – Musik hörten. Eines Tages stieß ich durch Zufall auf ein Audiobuch, und das weckte in mir die Begeisterung, Bücher zu hören, anstatt sie zu lesen. Aus Neugier machte ich es mir zur Gewohnheit, jeden Tag etwas zu hören. Es ist so einfach, denn heute hat fast jeder ein Smartphone. Mit der App »Audible« kann man sich für knapp zehn Euro ein Buch kaufen, es herunterladen und jederzeit und überall anhören. Diese neue Gewohnheit und die konsequente Anwendung des Wissens aus den Büchern brachten mich dahin, wo ich heute bin: ein erfolgreicher Investor, der selbst ein Buch schreibt. Meine ehemaligen Arbeitskollegen hören hingegen weiterhin Musik und arbeiten noch am Fließband.

Viele Menschen lesen nicht und finden Ausreden wie: »Ich habe keine Zeit dazu« oder »Ich lese Bücher lieber in Ruhe.« Doch das sind, wie gesagt, Ausreden. Wer keine Zeit hat, zu lesen, kann hören. Bücher zu hören finde ich sehr viel einfacher, denn es ist im Auto, beim Spaziergang oder bei anderen Gelegenheiten möglich. Das bedeutet, ich habe so viel mehr Möglichkeiten, meine Zeit zum Lernen zu nutzen.

Laut einer Studie des Bundesinstituts für Bau-, Stadt- und Raumforschung (BBSR) verbringen Menschen in Deutschland durchschnittlich 45 Minuten täglich mit dem Pendeln zwischen Wohnort und Arbeit – sei es im Auto, in öffentlichen Verkehrsmitteln oder zu Fuß. Hochgerechnet sind das rund 274 Stunden pro Jahr. Wenn jeder

---

4 Die Aussage über die Verteilung des Lernens (10 Prozent durch Lesen, 20 Prozent durch Hören, 70 Prozent durch Anwenden) basiert vermutlich auf dem 70-20-10-Modell, das in den 1980er-Jahren von Forschern des Center for Creative Leadership entwickelt wurde.

nur einen Bruchteil dieser Zeit nutzt, um ein interessantes Buch zu hören, kann sie oder er mehrere Bücher pro Jahr hören.[5]

Am Ende liegt die Entscheidung bei dir selbst und deinen Vorlieben, ob du ein Buch liest oder hörst. Entscheidend ist, wie viel Wissen du aufnimmst, um dich weiterzubilden. Je mehr Wissen, desto besser.

Bücher haben mich gelehrt, dass erfolgreiche Menschen unglaublich viele Bücher konsumieren, und ich verstehe, warum. An dieser Stelle möchte ich das von Napoleon Hill erwähnen.[6] Ein Buch, das auf eine Idee von Andrew Carnegie zurückgeht – einem der reichsten Menschen seiner Zeit um 1900 herum. Carnegie inspirierte Hill, die Prinzipien des Erfolgs systematisch zu erforschen und zu dokumentieren. Über einen Zeitraum von mehr als zwanzig Jahren interviewte Hill mehr als fünfhundert Millionäre und Milliardäre – darunter einige der mächtigsten und einflussreichsten Persönlichkeiten seiner Zeit, wie Henry Ford, John D. Rockefeller, Thomas Edison oder Theodore Roosevelt. Das Ergebnis dieser intensiven Arbeit ist das Buch »Denke nach und werde reich«, ein zeitloses Werk, das jeder gelesen haben sollte.

---

5 Das Bundesinstitut für Bau-, Stadt- und Raumforschung (BBSR) definiert bei der Abgrenzung von Arbeitsmarktregionen eine zumutbare tägliche Pendelzeit für die einfache Strecke von maximal 45 Minuten. Aktuelle Daten aus dem Jahr 2022 zeigen eine durchschnittliche einfache Pendeldistanz von 17,2 Kilometern. Arbeitsmarktregionen und Pendelzeit (zumutbare 45 Minuten Regel), https://www.bbsr.bund.de/BBSR/DE/forschung/raumbeobachtung/Raumabgrenzungen/deutschland/regionen/arbeitsmarktregionen/Arbeitsmarktregionen.html; besucht am 08.04.2025. Aktuelle Pendelstudie 2022 (durchschnittliche Pendeldistanz): https://www.bbsr.bund.de/BBSR/DE/presse/presseinformationen/2023/pendeln-2022.html; besucht am 08.04.2025.

6 Napoleon Hill beschreibt in seinem Werk *Denke nach und werde reich* (1937), dass er auf Anregung von Andrew Carnegie die Erfolgsgeheimnisse zahlreicher Millionäre untersuchte.

Vor Jahrhunderten hatten nur wenige Menschen Zugang zu Wissen – das waren meist die Superreichen. Heute hingegen haben wir alle durch das Internet Zugang zu einer Fülle an wertvollen Informationen. Es gibt nahezu zu jedem Thema ein Buch, das uns als Lehrmeister dienen kann.

Möchtest du mehr über Angst erfahren?
Lies ein Buch darüber.

Möchtest du mehr über Selbstbewusstsein erfahren?
Lies ein Buch darüber.

Möchtest du mehr über Gesundheit, Selbstverwirklichung, Redegewandtheit, Frieden, Disziplin, Charisma, Ausgeglichenheit, Verkauf oder Finanzen wissen?
Dann lies oder höre Bücher darüber. Besuche Seminare.

Buchempfehlungen zum Thema Mindset wie zum Beispiel von Napoleon Hill findest du hier:

https://www.galecki-powerkids.de/ressourcenliste/buecher#mindset

Meine Partnerin und ich besuchten viele Seminare, anstatt Urlaub zu machen. Denn wenn man – wie wir – von Null startet, muss man auch Opfer bringen und sich bewusst entscheiden, was einem wichtiger ist: Urlaub und Vergnügen oder Weiterbildung und Wachstum. Diese Seminare haben mir gezeigt, dass es noch viele andere Menschen wie mich gibt – Gleichgesinnte, die lernen und wachsen wollen. Seminare sind ein großartiger Ort, um neue Menschen kennenzulernen – sei es, um Freundschaften zu schließen oder wertvolle Kontakte zu knüpfen. Sie geben Kraft, Wissen und Motivation.

Lass mich dir noch eine Geschichte erzählen, die eindrucksvoll veranschaulicht, wie sehr uns innere Fesseln festhalten. Sie handelt von Arbeitselefanten in Indien. Diese majestätischen Tiere werden abends mit einem dünnen Seil an einen Bambuspfosten gebunden. Das reicht aus, um sie am Weglaufen zu hindern. Doch warum laufen diese Elefanten, obwohl sie die größten landlebenden Tiere sind und über sechs Tonnen wiegen, nicht einfach weg? Der Grund liegt in ihrer Kindheit: Als Jungtiere wurden sie mit einer Kette an einen stabilen Holzpflock gefesselt. Sie lernten sehr schnell, dass es aussichtslos ist, sich zu befreien. Diese Erfahrung prägt sie für den Rest ihres Lebens. Als erwachsene Tiere erinnert sie das dünne Seil an diese früh gelernte Erfahrung – und hält sie gefangen, obwohl sie längst die Kraft hätten, sich zu befreien. Außer es brennt.

Übertragen auf dein und mein Leben: Welches Feuer müssen wir entzünden, um die eigenen Seile zu kappen? Um unsere inneren Fesseln zu lösen und unser volles Potenzial zu entfalten? Dazu brauchen wir Mut. Wir müssen bereit sein, uns mit unseren inneren Blockaden auseinanderzusetzen und die einschränkenden Glaubenssätze, die uns zurückhalten, zu überwinden. Um das zu schaffen, dürfen wir unseren inneren Keller aufräumen. Wir wissen, viele unserer Entscheidungen sind unbewusst und werden immer noch von Erlebnissen aus der Vergangenheit beeinflusst. Alles wird in unserem Unterbewusstsein gespeichert. Vergangene Situationen prägen unsere Gegenwart, ohne dass wir es bemerken.

Anfang 2024 besuchte ich das Seminar: »NLP-Business-Practitioner« von Marc Galal.[7] Das waren die lehrreichsten neun Tage meines Lebens. Dort lernten wir, wie wir durch Neuro-Linguistisches Programmieren (NLP) die Macht der Sprache und Gedanken nutzen können, um negative Verhaltensmuster zu überwinden und positive Veränderungen zu bewirken. Wie viele andere Teilnehmer flog auch ich mit einem Haufen emotionalen Gepäcks aus meiner Vergangenheit zu diesem Seminar. Themen, die meine Eltern betrafen, und auch Dinge, die mich – wie den indischen Elefanten – einschränkten, begleiteten mich. In diesen neun Tagen lernte ich, wie ich selbst herausfinden kann, welche Situationen aus der Vergangenheit welche emotionalen Reaktionen in mir ausgelöst haben – und vor allem, wie ich sie auflösen kann. Jeder von uns lernte, Ängste vor Dingen wie Schlangen, Spinnen oder anderen Beeinträchtigungen aus dem eigenen System zu entfernen. Es war einfach unglaublich. Man muss es selbst erlebt haben, um das zu glauben.

So mancher würde es Gehirnwäsche nennen – und viele Menschen tun das auch. Doch was bedeutet Gehirnwäsche eigentlich im Sinne des Wortes? Meistens wird dieser Begriff mit negativen Assoziationen verbunden. Aber ist das Wort wirklich negativ? Für mich bedeutet »Wäsche« schlichtweg, etwas zu waschen, also sauber zu machen. Also von Schmutz und Verunreinigung zu befreien. Gehirnwäsche bedeutet in diesem Kontext also, das Gehirn zu reinigen. Natürlich hängt es davon ab, womit man es wäscht, wie gründlich man es tut und was man anschließend »hineinlässt«.

Unser Unterbewusstsein speichert alles. Deshalb können wir es auch bewusst mit positiven Botschaften füttern, indem wir ihm Dinge sagen wie: »Ich bin schön«, »Ich bin erfolgreich«, »Ich bin liebenswert.« Wenn wir diese positiven Affirmationen regelmäßig wiederholen, beginnt unser Unterbewusstsein, sie zu glauben, danach zu handeln und sie schlussendlich auch zu verkörpern. Das habe ich so in meiner Anfangszeit gemacht: Ich sagte mir immer wieder: »Ich

---

7 Das Seminar »NLP-Business-Practitioner« wurde von Marc Galal geleitet. Weitere Informationen unter: https://www.marcgalal.com; besucht am 08.04.2025.

bin ein Immobilieninvestor«. Ohne mich dabei klein zu machen oder minderwertig zu fühlen. Das war mein großes Ziel. Mein Business begann im Kleinen, obwohl ich noch jeden Tag am Fließband arbeitete. Heute bin ich es tatsächlich!

Wie viele Menschen beten zu Gott oder Allah, weil sie sich etwas Bestimmtes wünschen und hoffen ernsthaft, es zu bekommen. Also, wenn jemand mehr Geduld möchte und dafür betet, glaubt derjenige tatsächlich, dass Gott ihm mehr Geduld schenkt oder die Gelegenheit gibt, geduldiger zu werden? Oder wenn jemand mehr Mut möchte, wird Gott ihm mehr Mut schenken oder die Gelegenheit vor die Füße legen, mehr Mut zu beweisen? Wenn jemand mehr Weisheit möchte, wird Gott ihm dann mehr Weisheit schicken oder Situationen bringen, in denen er weise werden kann? Wenn jemand um Stärke betet, schenkt Gott ihm dann mehr innere Kraft oder stellt er ihn vor Herausforderungen, durch die er stärker wird? Wenn jemand erfolgreicher sein möchte, ist es tatsächlich Gott, der den Erfolg schickt oder die Chancen schafft, die zum Erfolg führen? NEIN! Gott ist nicht für die Erfüllung unserer Wünsche verantwortlich, sondern wir sind es. Wir sind diejenigen, die alles steuern und selbst in der Hand haben. »Du willst Wunder erleben? Dann sei selbst das Wunder.«

An dieser Stelle dürfte dir bewusst sein, wie entscheidend es ist, das eigene Fundament zu stärken und dein neues Ich mit Wissen zu nähren – und sogar alte Überzeugungen durch neues Denken zu ersetzen. Doch Wissen allein reicht nicht: Es kommt darauf an, aktiv zu handeln und dieses Wissen in die Tat umzusetzen. Hintergrundinformationen über Unternehmertum, Verkauf, Finanzen, Geld, Banken, Zinsen, Wirtschaft und Steuern gehören ebenfalls dazu. Auf diese Themen gehe ich in den nächsten Kapiteln ausführlich ein.

Wissen aus Büchern aufzunehmen, habe ich zu einer festen Gewohnheit gemacht. Schon sehr früh habe ich erkannt, dass die erfolgreichsten Persönlichkeiten eine entscheidende Gemeinsamkeit haben: Sie konsumieren eine beeindruckende Menge an Sachbüchern. Auch wenn es dazu keine offizielle Studie gibt, wird in Medienartikeln aus den USA immer wieder erwähnt, dass die erfolgreichsten CEOs der Top-Unternehmen im Durchschnitt mehr als fünfzig Bücher pro

Jahr lesen. Es ist heute ein fester Bestandteil meiner Routine und letztlich ein Teil meiner Identität. Jedes Buch, das ich gelesen oder gehört habe, wurde zum Baustein für mein Wissen, meine Denkweise und meinen Erfolg.

Jeder von uns kennt Geschichten von Menschen, die über Nacht zum Erfolg gekommen sind. Viele enden tragisch. Zugegeben, manche von ihnen sind reich geworden, trotzdem unglücklich, denn sie sind nicht mit ihrem Erfolg mitgewachsen. Doch das innere Wachstum ist die Voraussetzung für innere und äußere Stabilität.

Lass mich das mithilfe einer Metapher erklären: Unser Mindset lässt sich mit zwei Pflanzen vergleichen: dem Unkraut und dem Riesenbambus. Unkraut wächst schnell und scheinbar mühelos in die Höhe, doch seine Wurzeln sind schwach und bieten kaum Halt. Du kannst es mit einem leichten Ruck herausreißen. Ähnlich verhält es sich mit einem schwachen Mindset: Oberflächlich mag es stark wirken, doch in herausfordernden Momenten fehlt die Tiefe, um standhaft zu bleiben und die richtigen Entscheidungen zu treffen.

Der Riesenbambus hingegen verhält sich komplett anders: In den ersten Jahren scheint er kaum zu wachsen. Man sieht oberhalb der Erdkruste so gut wie gar nichts. Er scheint zu schlafen. Doch unter der Erdoberfläche bildet er ein starkes, weit verzweigtes Wurzelsystem, das sich tief in der Erde ausbreitet. Erst wenn sich dieses Wurzelwerk wie ein starkes Fundament fest im Boden verankert hat, beginnt die Bambuspflanze zu wachsen. Sie schießt innerhalb von kürzester Zeit in die Höhe. Stabil, stark und unerschütterlich.

Genau wie beim Bambus entwickelt sich unser Mindset zunächst im Verborgenen. Es braucht Geduld, Ausdauer und die Bereitschaft, ein stabiles, starkes Fundament zu schaffen, bevor es nach außen durch erfolgreiche Handlungen sichtbar wird. Wäre es also nicht erstrebenswert, zuerst innerlich zu wachsen und sich zu entwickeln wie ein Bambus?

Diese Erkenntnis war für mich ein besonderer Moment. Sie hat mich nicht nur stark und selbstbewusst gemacht und wurde zu einem zuverlässigen Werkzeug, mit dem ich jede Herausforderung meistern kann. Auch habe ich mir mit der Zeit durch das Wissen, das ich aus all den vielen Büchern und Seminaren aufgesaugt habe, ein stabiles

Fundament aufgebaut – eines, das mich stark und unerschütterlich macht. Wachstum hat jedoch keine Endstation. Deshalb höre ich nicht auf, daran zu arbeiten. Jeden Tag. Niemand, wirklich niemand, kann mir heute – im Gegensatz zu früher – einreden, dass ich etwas nicht schaffen kann. Warum? Weil ich innerlich gefestigt bin, viel Wissen in mir trage, viele eigene Erfahrungen gemacht habe und vor allem meinen eigenen Traum lebe. Davon kann mich niemand abbringen, denn ich beschütze ihn mit allem, was ich habe.

Es gibt Menschen, die selbst nicht an ihre Träume und Ziele glauben. Um das nicht zugeben zu müssen, versuchen sie, dir deine Ziele auszureden und dir ihre Grenzen als deine zu verkaufen. Doch lass mich dir eines mitgeben: Ihre Grenzen sind nicht deine! Ihr Scheitern definiert nicht deinen Erfolg. Dein Weg gehört dir allein. Deine Ziele auch. Darum frage dich: Möchtest du weiter träumen oder bist du bereit, deinen Traum zu leben? Die Antwort liegt in dir.

Also, los – let's do it!

Kapitel 2
Let's do it oder die Rockefeller-Story

Lass mich mit einer beeindruckenden Geschichte beginnen. Die Geschichte eines Mannes in den USA, der vor über hundert Jahren auf einer hohen Brücke stand. Verzweifelt. Einsam. Lebensmüde. Er war bereit, seinem Leben ein Ende zu setzen, denn er wusste nicht mehr, was er tun sollte. Sein Unternehmen stand kurz vor dem Bankrott. Er war am Ende.

In jenem entscheidenden Moment – kurz vor dem Sprung in die Tiefe – näherte sich ein älterer Herr, sprach ihn an und fragte nach dem Grund seines Vorhabens. Der Unternehmer schaute ihn an, begann zu sprechen und offenbarte ihm in seiner Verzweiflung, in welcher misslichen Lage er sich befand. Die Insolvenz drohte. Der alte Mann hörte aufmerksam zu, zog wortlos sein Scheckbuch hervor, füllte einen Scheck über fünfhunderttausend Dollar aus und übergab ihn dem Unternehmer mit der Bitte, das Geld nur im äußersten Notfall zu verwenden. Der Scheck war unterschrieben von John D. Rockefeller, der zu dieser Zeit als der reichste Mann der Welt galt.

Der Unternehmer starrte auf das Papier in seinen Händen, und ehe er den Scheck zurückgeben konnte, hatte sich der ältere Mann schon abgewandt und war verschwunden. Völlig überrascht, aber hochmotiviert durch die unerwartete Rettung, kehrte der Mann in sein Unternehmen zurück. Er war fest entschlossen, es zu retten und den Scheck tatsächlich nur im äußersten Notfall einzulösen.

In den folgenden Monaten arbeitete er hart und gab alles. Und – es gelang ihm: Er schaffte es, die Krise zu überstehen, ohne den Scheck einzulösen. Um seine Dankbarkeit zu zeigen, wollte er ihn zurückgeben, doch es stellte sich heraus, dass der Scheck gar nicht echt war und der ältere Mann auch nicht John D. Rockefeller gewesen war.

Eine inspirierende Geschichte, die zeigt, dass man an sich glauben und sogar in schwierigen Zeiten nicht aufgeben darf. Sie spiegelt meine eigenen Erfahrungen wider, als ich im Jahr 2019, gerade einmal fünfundzwanzig Jahre alt, meinen Weg als Unternehmer und Immobilieninvestor begann: Schon seit meiner Kindheit versprach mir mein leiblicher Vater, der getrennt von uns in meiner Heimat Polen lebt, ein Erbe. Es handelte sich um ein über zwanzigtausend Quadratmeter großes Grundstück, das zum damaligen Zeitpunkt einen Wert von fünfhunderttausend Euro hatte. Es sollte verkauft werden. Er versprach mir, dass ich den Erlös bekomme, um mir in Deutschland eine eigene Existenz aufzubauen.

Meine erste Idee zum eigenen Business entstand, nachdem ich meine Mutter und meinen Stiefvater besucht hatte. Mein Stiefvater erzählte mir von einem Plan zur Entwicklung eines Wohngebiets, das in unserer Gemeinde umgesetzt werden sollte. Ein Teil dieser Fläche gehörte ihm: rund zwanzig Prozent eines 1,1 Hektar großen Ackerlands. Ich sah sofort die Chance für mich und traf die Entscheidung, dieses Projekt selbst zu übernehmen.

Eine reelle, umsetzbare Möglichkeit, denn die Preisverhandlungen der Beteiligten hatten bis dahin zu keiner Einigung geführt. Ich hatte keine Erfahrung, und bei der Suche nach einem Geschäftspartner in meinem Bekanntenkreis stieß ich zunächst auf Ablehnung, fand aber schließlich jemanden, der bereit war, mit mir dieses Projekt – und das damit verbundene Wagnis – einzugehen. Andere Bekannte und Freunde, an die ich mich gewandt hatte, standen alle finanziell besser da als ich. Doch - rückblickend betrachtet - fehlte es ihnen entweder an Mut oder an der Bereitschaft, sich der finanziellen Herausforderung zu stellen. Heute bedauern sie es, diese Chance verpasst zu haben.

Auf dem Grundstück sollten zehn Baugrundstücke entstehen – ein Vorhaben, das ein überaus profitables Geschäft versprach. In der darauffolgenden Zeit traf ich mich mit den anderen Grundstückseigentümern, um mit ihnen einen Verkaufspreis auszuhandeln. Während ich das Projekt anschob, hatte ich immer das Kapital aus dem versprochenen Erbe meines Vaters im Hinterkopf. Ich wollte es nutzen, um in das Bauvorhaben zu investieren. Gemeinsam mit meinem Geschäftspartner, der ebenso unerfahren war wie ich, begann ich, an der Entwicklung zu arbeiten. Schritt für Schritt – und das neben meinem täglichen Achtstundentag am Fließband, als Angestellter in der Fabrik.

Kannst du dich in diese Lage versetzen? Was würdest du tun, wenn dir jemand Startkapital für ein großes Business verspricht und sich so eine Chance offenbart? Würdest du starten? Ich glaube, für viele Menschen ist es eine große Hürde, ein eigenes Business zu beginnen, wenn es mit finanziellen Risiken verbunden ist.

Wie ging es dann bei mir weiter? In der damaligen Zeit war es einfacher, Finanzierungen für Grundstücke und Hausbau zu bekommen. Als ich begann, war die Nachfrage nach Immobilien unvergleichlich hoch. Sie hat sich allerdings seit der Erhöhung der Zinsen deutlich verringert. Dieses erste Projekt, das längst nicht so groß war wie die Projekte, die ich mittlerweile – trotz der Zinssituation – umsetze, war herausfordernd. Doch ich war mir sicher, dass es erfolgreich werden würde. Der Weg war jedoch keineswegs einfach. Es sollte so kommen, dass ich doch ohne das erwartete Kapital starten musste, denn das Erbe meines Vaters hatte ich noch nicht, und mit der Zeit zeichnete sich ab, dass ich auch nicht mehr damit rechnen konnte. Versprechungen lösten sich in Luft auf – ähnlich wie in der Rockefeller-Story mit dem falschen Scheck.

Als ich das realisierte, brach eine Welt zusammen. Ich wusste, ich muss sofort kreativ werden, denn ich steckte bereits mittendrin. Es gab kein Zurück mehr. Ich verkaufte meinen Sportwagen, verzichtete auf kostspielige Anschaffungen und teuren Urlaub. Doch das reichte nicht aus. Trotz all dieser Bemühungen brauchte ich mehr Eigenkapital, weil die Bank es für die Finanzierung forderte. Dabei handelte es sich nicht um eine herkömmliche, private Immobilienfinanzierung, sondern um ein großes Investitionsprojekt. Das war sehr viel schwieriger. Doch, wo ein Wille ist, da ist auch ein Weg, sagte ich mir.

Die Arbeit am Projekt war bereits im vollen Gange. Zukünftige Gewinne zeichneten sich ab, und erste Kaufinteressenten waren da. Doch es fehlte Geld. Mein Bruder war meine Rettung und lieh mir das nötige Geld in dem Moment, als theoretisch keine Gefahr mehr bestand, dass etwas schiefgehen könnte. Er half mir aus dieser Notlage, und dafür bin ich ihm heute noch dankbar. Er vertraute mir. Dafür musste er selbst ein Bankdarlehen aufnehmen. Doch er glaubte – ebenso wie ich – an das Projekt. Das finanzielle Risiko war überschaubar. Sein Geld und mein eigenes Erspartes reichten schließlich als erforderliches Eigenkapital, und so bekamen wir die Finanzierung. Endlich.

Heute, nachdem ich unzählige Biografien von erfolgreichen Persönlichkeiten gelesen habe, weiß ich, dass es vielen so ging wie mir: Sie begannen, ihre Ideen ohne Kapital umzusetzen – in einer Garage oder in der Ecke ihrer Wohnung. Sie glaubten daran, kämpften dafür und fanden schließlich Menschen, die sie unterstützten. Ich habe rückblickend sehr viel darüber nachgedacht: War es Schicksal oder hatte ich einfach nur Glück gehabt?

Schicksal ist für die meisten Menschen etwas Magisches. Es gibt Situationen, in denen man sich nach einer Partnerin oder einem Partner, dem Traumjob oder finanzieller Freiheit und Unabhängigkeit sehnt. In meinem Fall war es der Traum, ein eigenes erfolgreiches Unternehmen zu gründen und die Fließbandarbeit an den Nagel zu hängen. Schicksal vergleiche ich gerne mit einem Automobil auf der Straße deines Lebens, das unvermittelt vor dir anhält. Eine Tür öffnet sich, und du hast einen Wimpernschlag lang Zeit, einzusteigen. Dann fährt es weiter. Mit dir – oder ohne dich. Kurz darauf erscheint das nächste, hält ebenso neben dir an, wartet einen Moment und setzt dann seine Fahrt fort.

In dem Augenblick, in dem der Wagen zum Stehen kommt, schießt ein Gedanke durch deinen Kopf – manchmal durchflutet dich ein Gefühl. Steigst du ein oder nicht? Lässt du diese Chance ungenutzt, oder reagierst du auf dein inneres Signal, das sagt: »Steig ein.« Ergreifst du die Initiative, deine Traumpartnerin anzusprechen, dem Traumjob zuzusagen oder eine Geschäftschance zu nutzen? Tust du es nicht – steigst du nicht in den Wagen ein – zieht das Schicksal vorbei, und du wirst nie erfahren, ob dies deine Bestimmung gewesen wäre.

Ich habe es damals getan und kann dir nur empfehlen: Sei neugierig. Sobald sich eine Chance zeigt, ergreife sie. Tue es, wenn dein Gefühl es dir rät. Finde heraus, ob das angehaltene Fahrzeug tatsächlich für dich bestimmt ist. Ergreife die Gelegenheit – sie könnte die einzige sein, die du bekommst. Das Schicksal fordert uns immer wieder auf, mutig zu sein, auf unsere Intuition zu hören und die sich bietenden Chancen mit beiden Händen zu ergreifen. Nur so entdecken wir die Wege, die uns tatsächlich zu einem erfüllten und erfolgreichen Leben führen.

Unsere tief verwurzelten Glaubenssätze hindern uns oftmals daran, die Chancen zu nutzen, die sich ergeben. Bücher jedoch unterstützen dabei, so viel Mut und Wissen zu entwickeln, um Chancen klarer zu erkennen und die guten von den weniger vorteilhaften zu unterscheiden. Chancen öffnen uns die Augen für neue Perspektiven, schärfen unser Urteilsvermögen und geben uns das Wissen, kluge Entscheidungen da zu treffen, wo andere zögern. Am Ende entscheiden wir immer selbst über unser Schicksal – so, wie ich es genutzt habe: Ich bin in den Wagen eingestiegen.

Glück hat für mich eine andere Bedeutung: In meiner Weltanschauung ist Glück das Resultat eigener Anstrengungen. Im Volksmund sagt man oft »Glück gehabt« und meint damit das Zusammentreffen besonders günstiger Umstände – einen Zufall oder eine glückliche Fügung des Schicksals. Ich vertrete die Auffassung, dass Menschen, die in wohlhabende und vermögende Familien hineingeboren werden, im Gebärmutter-Lotto gewonnen haben. Sie werden ein Vermögen von ihren Eltern erben, was zweifelsohne als Glück zu bezeichnen ist. Doch jene, die aus eigener Kraft und von der Basis aus etwas erschaffen, haben in meinen Augen nicht einfach nur Glück. Darum ist es für mich unverständlich, dass man behauptet, erfolgreiche Menschen hätten einfach nur Glück mit dem, was sie erreicht haben. Menschen können von günstigen Umständen profitieren, die ihnen den Weg erleichtern – wie dem sogenannten Rückenwind. Ihr Erfolg jedoch basiert in der Regel auf harter Arbeit und der konsequenten Verfolgung ihrer Ziele und Visionen.

Ich bin der Überzeugung, dass sowohl Rücken- als auch Gegenwind – also Zeiten mit schwierigeren oder günstigeren Umständen – von großer Bedeutung für Erfolg sind. Gegenwind ist das größte Hindernis für Menschen, die in ihrem Leben keinen Erfolg hatten. Das ist kein Schicksal, sondern oft sind es die eigenen limitierenden Glaubenssätze, die zum Scheitern führen und ein Vorankommen verhindern. Darauf komme ich im Kapitel 8 zu sprechen.

Rückblickend erscheinen mir die vom Schicksal der Geburt zugewiesenen Karten nicht als die besten. Kein Gebärmutter-Lotto. Mit meinem Hauptschulabschluss waren meine beruflichen Möglichkeiten mehr als begrenzt. Der vorgezeichnete Lebensweg, den man mir prognostizierte, sah so aus: Schule, hoffentlich gute Noten, dann eine betriebliche Ausbildung, einen Job ergattern und mich dort bis zur Rente abrackern. Doch meine schulischen Leistungen waren weit entfernt von gut und schon gar nicht herausragend.

In unserer Gesellschaft werden die entscheidenden Weichen für die Zukunft des Einzelnen früh gestellt. Das ist meine persönliche Erfahrung. Diese hat mir tiefe Einblicke in die komplexen und klassifizierenden Mechanismen unseres Bildungssystems gewährt – eines Systems, das als überholt gilt. Es stempelt junge Menschen auf vorgezeichneten Bildungswegen ab und lenkt ihren zukünftigen Erfolg in vorab definierte Bahnen. Aus dem eingeschlagenen und meist einzig möglichen Berufsweg auszubrechen, erweist sich als große Herausforderung – wenn nicht sogar als unmöglich. In dieser prägenden Phase wurde mir der Mangel an Motivation und Ermutigung bewusst, den eigenen Blickwinkel zu erweitern und über den vordefinierten Weg hinauszuschauen. Das Schulsystem vermittelt zwar Wissen und grundlegende Fähigkeiten, doch selten wird das Streben nach beruflichem Erfolg außerhalb herkömmlicher Bahnen gefördert. Kreativität, Individualität sowie das Erkennen und Fördern einzigartiger Talente und Interessen finden keinen Raum. So landete ich als Fließbandarbeiter in einer Fabrik.

Die Idee, dass ich meine berufliche sowie persönliche Zukunft aktiv mitgestalten kann, wurde bei uns nicht ein einziges Mal thematisiert. Zu erkennen, dass es allein in meinen Händen liegt, mir Ziele zu setzen und andere, eigene Wege zu gehen, anstatt mich von den Grenzen des Schulsystems einschränken zu lassen, war die größte Erkenntnis meines jungen Daseins. Doch bis zu diesem Augenblick sollte es noch eine Weile dauern.

Niemand in der Schule brachte mir bei, über den Tellerrand zu schauen. Stattdessen legte man mir nahe, meine Ausbildung in der Industrie zu absolvieren. Meine schulischen Leistungen qualifizierten mich lediglich für eine zweijährige Ausbildung zum Maschinen- und Anlagenführer. »Du wirst dort gut verdienen«, tröstete man mich, doch niemand erzählte mir, um was für eine geistlose, monotone Tätigkeit es sich handelte. Ich musste Tag für Tag die gleichen Aufgaben verrichten. Im Drei-Schicht-System zu arbeiten, ist ein Umstand, der auf lange Sicht unglücklich und krank macht. »Das Leben ist halt so!«, sagte man mir – und damit war das Thema für die Menschen in meinem Umfeld erledigt. Wenn ich unter meinen Arbeitskollegen von Ideen und beruflichen Zielen sprach, begegneten mir unverständliche Blicke und Aussagen wie: »Es gibt Firmen, bei denen ist es noch viel schlimmer« oder »Du weißt gar nicht, wie gut du es hier hast.« Typisches Gerede, das mich nicht weiterbrachte und eher an das Quaken von Enten erinnerte.

Ja, es wäre falsch, die berufliche Entwicklung von jungen Menschen allein von der Schule abhängig zu machen. Wie wir alle wissen, haben Elternhaus und Erziehung den größten Einfluss auf Kinder und Jugendliche. Beides formt und bestimmt, welchen Weg sie einschlagen. Aber dabei kommt es darauf an, in welche soziale Klasse man hineingeboren wird, also ob man im Gebärmutter-Lotto gewonnen hat oder nicht.

So auch bei mir – doch es kam anders als gedacht. Obwohl meine Kindheit von schlimmen Ereignissen geprägt war, meine schulischen Leistungen zu wünschen übrig ließen und ich schon als Kind sehr schwierige Situationen durchstehen musste, bin ich rückblickend davon überzeugt, dass alles genau so geschehen musste. Dieses Schicksal hat mich zu der Person geformt, die ich heute bin: zu einer starken Persönlichkeit, der zwar nichts im Leben geschenkt wurde, die jedoch weiß, dass sie alles erreichen kann, was sie wirklich will. Heute mache ich niemandem Vorwürfe und bin dankbar, dass alles so seinen Lauf genommen hat. Denn: »Schlechte Zeiten formen starke Menschen.«

Die Entscheidung, mein erstes Projekt umzusetzen, war nichts als purer Optimismus. Doch genau dieser Optimismus war es, der mir die Kraft gab, zu beginnen – ohne an Rückschläge, Niederlagen oder die Unwägbarkeiten zu denken, die vor mir liegen könnten. So manch einer hätte vielleicht den Kopf geschüttelt oder Zweifel geäußert – viele Menschen in meinem Umfeld haben das auch. Doch die tauchen zwangsläufig auf, wenn jemand aus der Reihe tanzt. Doch in dem Moment der Entscheidung hatte ich nur ein Bild vor Augen: mein Ziel. Ein Projekt zu stemmen, das größer war als alles, was ich je zuvor auch nur angedacht, geschweige denn angepackt hatte. Dieses Bild hatte eine solche Kraft, dass es mir eine Entschlossenheit verlieh, die mir bis dahin völlig fremd war. Woher kommt es also, dass nur einige wenige Menschen den Mut fassen, zu handeln, während andere vor der ersten Hürde stehen bleiben? Warum trauen sich Menschen mit wenig Erfahrung und einer Handvoll Träume, einen Weg zu gehen, der sie vielleicht erst nach unzähligen Umwegen und Hindernissen zu ihrem Ziel führt? Es ist der unbändige Wille und die optimistische Einstellung, das eigene Leben selbst in die Hand zu nehmen, die feste Überzeugung, dass jeder Schritt, so klein er auch sein mag, dich weiterbringt. In jedem von uns steckt eine Kraft. Die zeigt sich, sobald wir beginnen, uns einer Herausforderung zu stellen und ein Ziel ins Visier zu nehmen.

Und ja, ich bewege mich auch heute noch nicht auf sicherem Pfad. Das Leben gibt keine Sicherheiten oder Garantien. Ich schreibe dieses Buch, obwohl mich meine legasthenische Schwäche stets daran erinnert, dass Schreiben nicht meine Stärke ist. Meine Gedanken jedoch sind stark. Zugegeben, es ist kein leichter Weg, doch genau das ist ein Teil meiner Absicht: mit diesem Buch zu zeigen, dass ein ganz normaler junger Mensch aus diesem vordefinierten Schul- und Berufssystem ausbrechen kann. Ein normaler Typ, der sich nichts sehnlicher wünschte, als ein anderes Leben zu leben als das, was vermeintlich für ihn bestimmt ist. Einer, der den Mut hatte, mit all seinen

Schwächen sichtbar zu werden und zu zeigen: Jeder hat sein Schicksal selbst in der Hand.

Mein Rezept dafür ist einfach und nicht verhandelbar: TUN, TUN, TUN und MACHEN, MACHEN, MACHEN! Die größte Hürde ist nicht die fehlende Idee, ein fehlender Plan oder Unwissen darüber, wie etwas funktioniert, sondern die Angst, nicht perfekt zu sein oder scheitern zu können. Doch all das zählt nicht, solange du vorwärtsgehst und an deine Vision glaubst. Ich weiß heute: Alles ist möglich, wenn du bereit bist, diese erste Hürde zu nehmen und dich mit jeder Faser deines Wesens dem Weg hinzugeben.

Leider haben viele Menschen zu viel Angst, die sie davon abhält. Angst, zu hinterfragen oder gar darüber zu schreiben, bedeutet, den tiefsten Kern menschlicher Erfahrungen zu berühren. Angst ist ein Urinstinkt – eine normale Reaktion auf bevorstehende Gefahren, die als Warn- und Schutzfunktion dient. Angst sollte immer unser Überleben sichern. Dieser Instinkt hat uns in der Steinzeit vor wilden Tieren und anderen physischen Bedrohungen geschützt, indem er schnelle, reflexartige Reaktionen wie Flucht oder Kampf auslöste. Doch heute, in einer anderen Zeit, in der solche akuten Gefahren selten sind, ist der Reflex immer noch präsent. Darum sind die Angst und fluchtartige Reaktionen auf Unvorhergesehenes im menschlichen System nach wie vor vorhanden – selbst in Situationen, in denen sie nicht angebracht sind. Auch die Angst vor sozialer Ausgrenzung, die tiefe historische Wurzeln hat. In früheren Zeiten, als Menschen in kleinen Gemeinschaften lebten, konnte die Ausgrenzung aus einem Dorf oder Stamm praktisch den Tod bedeuten. Das Überleben des Einzelnen war vom Schutz durch die Gruppe abhängig. Diese archaische Furcht vor Isolation und Ausgrenzung beeinflusst heute noch unser Verhalten im sozialen Kontext – oft zum Nachteil unserer persönlichen und beruflichen Entwicklung.

Das verdeutlicht, wie wichtig es ist, über unsere Ängste hinauszuschauen und die Lektionen, die uns das Leben bietet, anzunehmen. Mal mit mehr, mal mit weniger Mut. Erst wenn wir verstehen, dass uns die meisten Ängste heute nicht mehr dienlich sind, öffnen sich Türen zu neuen Möglichkeiten und einem Leben ohne Einschränkungen.

Wir sollten uns daher nicht davor drücken oder scheuen, Risiken zu bewerten und – wo es sinnvoll ist und zu unseren Zielen führt – sie auch einzugehen. Das bewusste Überwinden dieser Urängste und das Ergreifen eines Schritts, der Mut erfordert, ist der Schlüssel zu Erfolg und persönlicher Weiterentwicklung. Diese Belohnungen können unser Leben in bisher nicht vorstellbare, neue Richtungen lenken. Nur wenn jeder Mensch seine Ängste als das erkennt, was sie sind – Überbleibsel aus einer längst vergangenen Epoche – lassen sie sich überwinden, und die wahre Bestimmung kann sich entfalten. Wer erfolgreich sein möchte, muss nicht zwingend völlig neue Dinge erfinden. Oft genügt es, ein Produkt, eine Idee oder eine Dienstleistung um lediglich zehn Prozent zu verbessern. Darauf lässt sich aufbauen und ein Vorteil verschaffen.

Ich selbst bin in der Immobilienbranche gelandet. Sie ist für mich der Schlüssel zu finanzieller Freiheit und Wohlstand, aber auch die Erfüllung meiner Berufung und meines übergeordneten Lebensziels. Trotz der Herausforderungen in meiner Schulzeit, die das Lernen nicht einfach machten, habe ich meine Kreativität entdeckt und genutzt. Diese Kreativität, mein klarer Verstand und logisches Denken haben mir geholfen, individuelle Ansätze im Bereich der Projektentwicklung zu entwickeln und vielfältige Probleme zu lösen. Viele Menschen, die Vermögen aufgebaut haben, verdanken ihren Reichtum ihren Aktivitäten in der Immobilienbranche. Diese Branche bietet endlose Möglichkeiten, denn neben Nahrung und Kleidung zählt ein geschützter Raum zum Wohnen zu den grundlegendsten Bedürfnissen eines jeden Menschen.

Durchschnittlich gibt jeder Haushalt in Deutschland, bestehend aus einer oder mehreren Personen, nahezu ein Drittel seines Gehalts für Wohnen aus – sei es durch Miete oder den Kauf eines Eigenheims. Dieses Wissen war für mich ein starker Anreiz, mich in diesen Bereich einzuarbeiten und sowohl Geld als auch Energie zu investieren. Aus diesem Grund habe ich mir einen messbar großen Erfolg in der Immobilienbranche zum Ziel gesetzt. Wer sich Grund, Haus oder Wohnung kauft, beginnt bei sechsstelligen Summen, also arbeitet man in dieser Branche von Anfang an mit hohen Zahlen.

Wie oft wird uns gesagt, dass die Schulbildung darüber entscheidet, welches Leben wir führen können. Dies wird tatsächlich eintreffen, wenn wir diesen Unsinn glauben und uns von den eingeschränkten Glaubenssätzen anderer in das Hamsterrad des Lebens einsperren lassen. Doch genau das können wir verhindern oder ändern, indem wir an unserem Fundament arbeiten. Ich frage mich oft: Willst du in die Zukunft schauen? Dann erschaffe dir deine Zukunft! Jeder von uns möchte Schmerz vermeiden und Freude empfinden, aber wie heißt es so schön: »Wer an der Vergangenheit klebt, kann die Zukunft nicht meistern.« Wenn man sich die Zukunft selbst schafft, gehört es dazu, sich Ziele zu setzen, um einen Antrieb im Leben zu haben.

Ziele sind unerlässlich – sie schaffen Raum für Visionen und sind zudem veränderbar. Man darf sich nicht mit einem einzigen Ziel begnügen und denken, dass mit dessen Erreichung automatisch Zufriedenheit eintritt. Viele Menschen, die sich falsch Ziele gesetzt haben, erleben eine bittere Enttäuschung, wenn sie nach deren Erreichung feststellen und sich fragen: »… was jetzt?«. Diese Erkenntnis führt oft zu einer tiefen Enttäuschung.

Auch ich musste feststellen, dass es sich nicht immer so anfühlt, wie man es sich erträumt hat, wenn ein Ziel erreicht wird. Als ich beispielsweise aus meiner kleinen Zweizimmerwohnung in ein schickes neues Zuhause mit über zweihundert Quadratmetern Wohnfläche zog, war das Glück, das ich mir vorstellte, noch immer nicht erreicht. Dann ist es wichtig, sich neue Ziele zu setzen. Ich rate dir, am Anfang kurzfristige, mittelfristige und langfristige Ziele zu definieren. Schreib sie auf, denn erst durch das Aufschreiben werden sie aus deinen Gedanken in die Realität gebracht. Diese Ziele müssen sich zu einer Leidenschaft entwickeln – oder aus deiner Leidenschaft müssen sich die Ziele formen.

Das bedeutet, dass entweder deine Ziele mit der Zeit das werden, für das du leidenschaftlich brennst, oder dass deine Leidenschaft die Grundlage für die Ziele sind, die du dir setzt. Beide Wege führen dazu, dass deine Ziele und deine innere Motivation im Einklang stehen. Erst dann kannst du mit maximaler Energie und Entschlossenheit auf sie hinarbeiten. Es ist auch ratsam, sich die Ziele visuell genau vorzustellen, sie in der Ferne zu sehen und davon zu träumen.

Jeder von uns hat Träume. Warum bewundern wir Sportler, Künstler oder Sänger? Weil die ihre Träume wahr machen. Versuche, deine Träume zu verwirklichen, aber vergiss dabei nicht, ihnen nicht einfach nur hinterherzujagen. Genieße den Weg und mache ihn selbst zum Teil deines Ziels. So wirst du nicht nur die Reise schätzen, sondern mehr Freude daran haben, deine Träume zu erreichen.

Am Ende gilt das Zitat: »Der Weg ist das Ziel.« Also, wenn das Schicksal dir eine Gelegenheit auf den Weg stellt, auch wenn du sie noch nicht genau einschätzen kannst, stelle dir nicht die Frage, ob du es schaffen kannst, sondern nur: »Wie kann ich es schaffen?« Warum? Die Antwort ist einfach: Wenn du dich selbst oder dein Umfeld danach fragst, ob du dieses oder jenes haben oder erreichen kannst, stößt du schnell auf Grenzen – sowohl in deinem eigenen Kopf als auch in dem der anderen. Fragen nach dem »ob man etwas machen sollte« führen eher zu Selbstzweifeln, Unsicherheiten oder gar Angst. Doch diese Grenzen sind nicht real. Sie formen sich bei dieser Frage in deinem Kopf, wenn du das zulässt.

Dagegen zwingt dich die Fragestellung »Wie kann ich das erreichen?« dazu, nach Lösungen zu suchen, aktiv darüber nachzudenken und Wege zu finden, aktiv in die Umsetzung zu kommen. Wenn du beispielsweise überlegst, deinen Job zu wechseln, um mehr Erfüllung oder bessere Aufstiegschancen zu finden, kannst du anstatt zu fragen »Bin ich dafür qualifiziert genug?« die Frage stellen: »Wie kann ich meine Fähigkeiten gezielt weiterentwickeln, um den neuen Job zu bekommen?« Du möchtest mehr Geld verdienen, um deine finanziellen Ziele zu erreichen? Anstatt zu denken: »Ob das mit meinem Einkommen überhaupt möglich ist?« frage dich: »Wie kann ich meine Einnahmen steigern? Wie kann ich zusätzliche Einkommensquellen erschließen oder effizienter mit meinem Geld umgehen?«

Wer erfolgreich werden möchte, sollte sein »WARUM« kennen. Was war damals mein Warum, einen so einschneidend neuen und risikoreichen Weg zu gehen? Ich habe mir diese Frage oft gestellt: Es war meine tiefe Unzufriedenheit und die Monotonie und

Aussichtslosigkeit meiner täglichen Arbeit. Sie waren der Kern meines Warum. Damals habe ich mich für meinen Beruf geschämt und ich konnte die Frage, was ich beruflich mache, nicht mit Stolz beantworten. Im Gegenteil – es bereitete mir Scham, zuzugeben, dass ich in einer Fabrik arbeite. Wenn mich jemand nach meiner Arbeit fragte, habe ich versucht, sie in ein schöneres Licht zu rücken, obwohl sie in Wahrheit weder erfüllend noch angenehm war. Diese massive Unzufriedenheit und das Verlangen nach mehr Sinn in meinem Leben haben letztendlich mein Warum mit unendlich viel Kraft, Motivation und Disziplin gefüllt.

Schon damals kristallisierte sich mein Lebensmotto »LEBE DEIN LEBEN« heraus. Es gilt bis heute und ist mir so wichtig, dass ich es mir für die Ewigkeit unter die Haut stechen ließ, begleitet von einer schnell tickenden Uhr. Für mich bedeutet es, mein Leben so zu gestalten, wie es wirklich zu mir passt – ohne die Erwartungen der Gesellschaft, ohne die Vorgaben anderer Menschen und ohne die Grenzen, die mir die Stufe der Schulbildung aufzwingen will. Es ist der Ruf, meinen eigenen Weg zu gehen, Entscheidungen zu treffen, die aus meinem Inneren kommen, und nicht das Leben anderer zu führen, sondern mein eigenes – nach meinen Regeln und meinen Träumen.

Ich muss ehrlich sein: Die Erkenntnis, dass mein erstes Projekt mir einen Vermögenszuwachs bringen würde, für den ich ein Leben lang hätte sparen müssen, war ein enormer Motivator. Es fühlte sich an wie der Beweis dafür, dass es andere Wege gibt. Wege, die nicht auf den traditionellen Ratschlägen beruhen wie: »Lerne fleißig in der Schule und schreibe gute Noten, dann wird etwas aus dir werden.« Der Erfolg zeigte mir, dass mein Mut, den eigenen Weg zu gehen, mehr wert war als das blinde Folgen gesellschaftlicher Normen.

Es gibt aber auch eine andere Seite: Je stärker das Warum, desto wahrscheinlicher ist es, dass du dafür auch deine Komfortzone verlassen wirst. Das Warum gibt dem Handeln eine klare Richtung und nährt die Motivation, auch bei Schwierigkeiten durchzuhalten. Ein starkes Warum hilft, Ängste zu überwinden und Rückschläge als Teil des Wachstumsprozesses zu akzeptieren. Es verbindet das eigene

Tun mit einem tieferen Lebenssinn und ermöglicht dir, authentisch und erfüllt zu leben. Ohne das Warum fehlt der notwendige Antrieb, die PS, um die Herausforderungen auch außerhalb der Komfortzone konsequent zu meistern.

Was versteht man unter der Komfortzone? Die Komfortzone ist ein mentaler und emotionaler Zustand, in dem sich Menschen sicher und wohl fühlen – ohne Stress und Angst. Innerhalb dieser Zone wiederholen sich Routinen und Verhaltensweisen. Sie sind bekannt und vertraut. Man ist nicht mit Unsicherheit, Zweifel oder unbekannten Herausforderungen konfrontiert. Wenn du wachsen willst, rate ich dir: Verlasse deine Komfortzone und komme ins Handeln!

Bei der Initiierung meines ersten Projektes gab es zunächst keinen konkreten Plan, keine Step-by-step-Anleitung. Es war völlig ungewiss, welche Herausforderungen uns erwarten, und mein Geschäftspartner und ich mussten beide unsere Komfortzone verlassen. Im Nachhinein betrachtet war es gut, nicht zu wissen, was uns erwartete. Jede Aktion war eine Erfahrung. Ich denke an eines meiner ersten Telefonate. Lass mich diese amüsante Geschichte erzählen: Als ich zu Beginn meiner unternehmerischen Laufbahn Telefonate führen musste, war ich extrem nervös, weil ich keine Erfahrung damit hatte und nicht wusste, was auf mich zukommt. Bei einem dieser Anrufe war meine Nervosität so groß, dass ich zu stottern begann. Wie peinlich. Ich legte den Hörer auf, versuchte mich zu beruhigen und rief kurz darauf noch einmal an. Entschuldigte mich und schob die Unterbrechung auf eine angeblich schlechte Telefonverbindung.

Wie habe ich es geschafft, immer wieder meine Komfortzone zu verlassen? Ganz einfach, indem ich mich der unbekannten Situation gestellt habe, auch wenn sie Unsicherheiten und Unbehagen mit sich brachte. Mal für Mal wurde ich sicherer und selbstbewusster. Rückblickend ist es eine lustige Geschichte. Damals sicher nicht. Heute spreche ich problemlos und mit innerer Sicherheit mit Bankern, Bürgermeistern und anderen wichtigen Persönlichkeiten und verhandle souverän mein Anliegen. Ich habe es hart lernen müssen. In dieser Anfangszeit las ich viele Bücher über den Mut, größer zu denken. Sie haben mir gutgetan und mich geprägt. Eines hat mir besonders gut gefallen, darum möchte ich dir an dieser Stelle das von Grant Cardone, »Die 10X-Regel« empfehlen.[8] In seinem Buch wird das Konzept des großen Denkens als Schlüssel zu außergewöhnlichem Erfolg beschrieben. Sich größere Ziele zu setzen, bedeutet, das eigene Potenzial zu maximieren und über das Gewöhnliche hinauszuwachsen. Er vertritt die 10X-Regel. Wenn du deine Ziele verzehnfachst, eröffnet sich nicht nur die Möglichkeit, mehr zu erreichen, sondern auch, eine höhere Motivation und Kreativität zu entfalten.

Diese Art zu denken führt zu persönlichem Wachstum und bereitet dich auf Herausforderungen vor. Die erhöhte Erwartung an die eigene Leistung schafft die Grundlage, um sich selbst zu übertreffen und außergewöhnliche Erfolge zu erzielen. Größer zu denken heißt, sich selbst keine Grenzen zu setzen und das volle Potenzial auszuschöpfen. Dieses Konzept hat, nachdem ich es gelesen hatte, meine Ziele komplett umgekrempelt. Ursprünglich waren bei einem Bauprojekt nur sechs Einheiten geplant: ein Mehrfamilienhaus mit vier Wohneinheiten und ein Doppelhaus, das ich selbst als Mietobjekt nutzen wollte, um zu investieren und meine finanzielle Situation zu stärken. Doch dieses Projekt allein reichte nicht aus, um meine Ziele von dauerhafter finanzieller Freiheit zu erreichen. Nach und nach wuchsen und veränderten sich meine Ziele. Das ist der Grund, warum ich heute weitere Häuser und Mietobjekte baue.

Wie oft habe ich mir die Frage gestellt: »Wie bewältige ich eine scheinbar nicht zu bewältigende Aufgabe?« Auch hier gaben mir meine Bücher eine Antwort. Was denkst du: »Wie isst man einen Elefanten? Stück für Stück.« Genau so wurden unsere Pläne: immer schrittweise vorzugehen. Die Planung von Projekten ist von entscheidender Bedeutung. Genauso wie man eine Reise plant, sollte man auch einen Berufswechsel, den beruflichen Aufstieg, den Aufbau eines Unternehmens oder Investitionen strategisch vorbereiten. Den Weg der gezielten Planung habe ich sowohl für meinen Vermögensaufbau als auch den Erwerb meiner finanziellen Unabhängigkeit gewählt. Ein

8 Cardone, G. (2016). Die 10X-Regel: Der einzige Unterschied zwischen Erfolg und Misserfolg, FinanzBuch Verlag, München.

Weg, der lang ist, Jahre dauert – und niemals über Nacht zum Ziel führt.

Wie es angeblich Albert Einstein treffend formulierte: »Ein Dummer mit einem Plan schlägt einen Schlauen ohne Plan.« Unser Plan war damals schon klar: Grundstücke entwickeln, die Häuser bauen, die Mietobjekte vermieten. Zunächst eine grobe Richtung vorgeben und einfach losgehen – Schritt für Schritt. Nach und nach wurde der Plan präziser und präziser. In solchen Phasen ist es wichtig, den Perfektionismus hinten anzustellen. Gerade in einem frühen Stadium kann Perfektionismus eher hindern als nutzen. Die Gefahr besteht darin, ins Stocken zu geraten und zu versäumen, überhaupt ins Handeln zu kommen.

Es geht bei solchen großen Projekten vielmehr darum, den Mut zu finden, die ersten Schritte zu machen und loszugehen – selbst dann, wenn nicht jeder Schritt perfekt ist. Wenn man den Mut hat, größer zu denken und zu beginnen, muss man an sich selbst glauben – auch dann, wenn niemand sonst das tut. Die bekannten Sprüche wie »Wer zu hoch fliegt, fällt tief« spiegeln lediglich die begrenzten Vorstellungen und die gedankliche Begrenztheit mancher Menschen wider. Aber denke dran: Es sind ihre Grenzen und nicht deine. Auch damit habe ich mich lange innerlich auseinandergesetzt, denn der Grund, warum mein Vater mir das Erbe nicht geben wollte, war, dass er nicht an mich glaubte. Als ich begann, mein Mindset zu verändern und mir ehrgeizige Ziele zu setzen, zweifelte er so sehr an mir, dass er es mir ganz entzog – weil er auch nicht an die Erreichbarkeit meiner Ziele glaubte.

Rückblickend sogar verständlich, denn ich hatte tatsächlich ein großes Vorhaben: Ich wollte riesige Häuser bauen, ohne Erfahrung im Bauwesen, mit knapp begrenztem Kapital. Um das zu stemmen, war das Buch »Ich kann das« von Bodo Schäfer manchmal wie eine Bibel für mich.[9] Es hat mir geholfen, immer wieder den Mut auf-

9 Schäfer, B. (2018). Ich kann das: Die Kunst, Herausforderungen zu meistern, dtv Verlagsgesellschaft, München.

zubringen, die vielen Herausforderungen zu meistern. Danke, Bodo Schäfer!

Ich habe mich damals für mein Wachstum entschieden, auch ohne mein Erbe und die negative Einschätzung meines Vaters. Auch das war mutig. Wie hättest du dich in meiner Situation entschieden? Umso schöner war es, als ich meinem Vater zwei Jahre nach unserem Kontaktabbruch die Häuser zeigen konnte, die ich in Eigenregie gebaut hatte. Mehr noch: Ich hatte noch einiges draufgelegt. Nicht nur, dass ich es geschafft hatte, mit dem nötigen Kapital diese Gebäude zu realisieren – ich entwickelte inzwischen weitere Wohngebiete und baute zusätzliche Objekte. Es hat mich damals unglaublich motiviert und angetrieben, ihm zu beweisen, dass ich es auch alleine schaffe.

Egal, ob du arm oder reich bist, egal, woher du kommst: Werde der Erste in deiner Familie oder in deinem Umfeld, der erfolgreich wird – im Leben, in der Karriere oder im Business. Werde der Erste, der den Kreislauf durchbricht, wenn du aus einer Familie kommst, die Erfolg und Unternehmertum nicht kennt! Wenn du etwas willst und daran glaubst, dann tue es und lass dich von niemandem abhalten. Niemals!

Buchempfehlungen zum Thema Mindset wie zum Beispiel von Grant Cardone oder Bodo Schäfer findest du hier:

https://www.galecki-powerkids.de/ressourcenliste/buecher#mindset

Kapitel 3
Die Spielregeln des Geldes

»Geld allein macht nicht glücklich!« oder »Geld ist nicht alles!« – diese Sprüche haben wir alle schon einmal gehört. Und ja, wie in Kapitel 1 beschrieben, ist Geld allein tatsächlich nicht alles. Was steckt hinter dieser Aussage? Viele Menschen konzentrieren sich in ihrem Leben in erster Linie auf immaterielle Werte wie Familie, Liebe, Partnerschaft, Gesundheit oder persönliche Erfüllung. Diese Werte haben eine tiefe Bedeutung und scheinen auf den ersten Blick nicht mit Geld in Verbindung zu stehen.

Wer die Aussagen trifft, »Geld allein macht nicht glücklich!«, möchte wahrscheinlich betonen, dass wahres Glück nicht an finanziellen Reichtum gebunden ist. Vor allem Menschen, die einen gewissen Wohlstand erreicht haben, erkennen irgendwann, dass ein volles Bankkonto zwar schön ist, allein jedoch keine dauerhafte Zufriedenheit schafft. Sie suchen nach innerer Balance, indem sie den Fokus auf andere Lebensbereiche lenken – Bereiche, die nichts mit Geld zu tun haben und auch nicht zu kaufen sind.

In vielen Kulturen gilt es als tugendhaft, über Geld hinaus zu denken. Materialismus wird kritisch betrachtet, und es wird idealisiert, keinen Wert auf Finanzen zu legen. Aussagen wie »Geld ist nicht alles.« spiegeln daher manchmal auch gesellschaftliche Werte wider, die Menschen einfach übernehmen und weitergeben, ohne diese Haltung kritisch hinterfragt zu haben.

Manchmal stammen diese Aussagen von Menschen, die sich in einer komfortablen finanziellen Situation befinden. Sie können es sich leisten, Geld als »nebensächlich« zu betrachten, da sie finanziell abgesichert sind. Diese Sichtweise stellt, bewusst oder unbewusst, eine subtile Form von Überheblichkeit dar – eine Haltung, die für

Menschen, die mit finanziellen Sorgen kämpfen, kaum nachvollziehbar ist. Auf der anderen Seite äußern Menschen, die in finanziellen Schwierigkeiten stecken und wenig oder gar kein Geld haben, dieselben Worte - jedoch aus einer ganz anderen Motivation heraus. Es ist ein Schutzmechanismus, der den Mangel erträglicher macht oder gar rechtfertigt. Es ist einfacher, zu behaupten, Geld sei unwichtig, als den Wunsch nach mehr Wohlstand zuzugeben. Vor allem dann, wenn die Erreichung unrealistisch erscheint.

Doch Hand aufs Herz: Wünschen sich nicht die meisten von uns mehr Geld? Sei es, um in einem schönen Zuhause zu leben, ein neues Auto zu fahren, moderne Geräte zu besitzen, die das Leben einfacher machen - stilvolle Kleidung zu tragen oder die Welt mit unvergesslichen Reisen zu entdecken. Geld ist der Schlüssel, mit dem viele dieser Träume erfüllt werden können. Und nicht nur das: Mehr Geld zu haben, bedeutet auch, sich weniger Sorgen um die alltäglichen Dinge machen zu müssen. Die nächste Miete, unerwartete Reparaturen, den Lebensunterhalt.

Genau hier zeigt sich, warum Geld trotz aller philosophischer Aussagen über seine angebliche Unwichtigkeit doch eine zentrale Rolle in unserem Leben spielt. Ohne finanzielle Mittel bleiben nicht nur Wünsche, sondern auch Sicherheit und Stabilität des Lebensstandards unerreichbar. Spätestens dann kommt die Frage auf: Kann man tatsächlich behaupten, Geld sei nicht wichtig, wenn es doch in so vielen Bereichen die Basis für ein sorgenfreies Leben ist?

Genau an dieser Stelle kommt die eigene Denkweise und der Umgang mit Geld ins Spiel: Geld ist nicht einfach nur ein Mittel zum Zweck, es ist auch ein Spiegel unserer inneren Haltung. Wer Geld als etwas Negatives, Belastendes oder Unnötiges betrachtet, wird es nie mit offenen Armen empfangen. Eine ablehnende Einstellung kann subtil die Möglichkeiten blockieren, die Geld bieten kann. Warum? Unsere Überzeugungen und unsere Entscheidungen steuern uns sowohl bewusst als auch unbewusst. Wer den Glaubenssatz hat, Geld sei schmutzig oder Ursprung aller Probleme, wird sich schwertun, genug zu haben und es zu vermehren.

Eine positive Denkweise hingegen schafft Raum für neue Perspektiven. Sie hilft uns, Geld nicht als Feind, sondern als Werkzeug zu betrachten, das genutzt werden kann, um Träume zu verwirklichen, Freiheit zu gewinnen oder anderen zu helfen. Ein Mensch, der Geld wertschätzt, aber sich nicht von ihm dominieren lässt, wird bewusster damit umgehen. Diese Einstellung ermöglicht nicht nur eine konstruktivere Beziehung zu Finanzen, sondern auch eine innere Ruhe im Umgang mit Geld. Es geht nicht darum, blind nach Reichtum zu streben, sondern die Kontrolle darüber zu übernehmen, wie Geld unser Leben beeinflusst und wie wir es selbst beeinflussen können.

Oft sind es negative Glaubenssätze, die uns ausbremsen: »Ich werde nie genug haben.«, »Geld ist nur für andere erreichbar.« oder »Reich zu sein, macht arrogant.« Solche Gedanken verankern sich tief und können zur selbsterfüllenden Prophezeiung werden. Doch was passiert, wenn wir diese Denkmuster durchbrechen? Wenn wir uns erlauben, Geld als etwas Natürliches und Neutrales zu sehen. Etwas, das weder gut noch böse ist, sondern die Bewertung lediglich davon abhängt, wie wir es nutzen?

Eine gesunde Einstellung zu Geld bedeutet auch, Verantwortung zu übernehmen. Verantwortung dafür, wie wir es ausgeben, sparen oder investieren. Verantwortung dafür, wie es unsere Prioritäten formt. Und Verantwortung dafür, wie wir uns damit fühlen. Wer Geld mit einem Gefühl von Dankbarkeit betrachtet, öffnet sich nicht nur für neue Möglichkeiten, sondern befreit sich auch von Ängsten und negativen Emotionen, die mit Finanzen verbunden sind.

Vielleicht ist es an der Zeit, innezuhalten und sich zu fragen: Wie denke ich über Geld? Ist meine Einstellung von Angst und Misstrauen geprägt, oder gehe ich mit Zuversicht und Klarheit an das Thema Geld heran? Eines steht fest: Nicht das Geld bestimmt, welchen Platz es in unserem Leben einnimmt, sondern wir bestimmen das.

Früher gab es in meinem Leben Zeiten, in denen ich nicht genug Geld hatte, um mir etwas zu essen zu kaufen. Ich hatte einfach nicht gelernt, mit Geld umzugehen. Diese Erfahrung hat mich wichtige Lektionen über den Wert und die Macht des Geldes gelehrt. Geld ermöglicht Freiheit und Unabhängigkeit, zwei Ziele, die ich immer schon angestrebt habe. Der Gedanke, bis zur Rente auf Freiheit warten zu müssen, war für mich unerträglich. Mir wurde klar: Wenn ich finanzielle Unabhängigkeit schneller erreichen möchte, muss ich bereit sein, mich auf die richtigen Dinge zu konzentrieren, nämlich die, die mir Geld bringen.

Rückblickend erkenne ich, wie wichtig es war, ein gesundes, positives Mindset gegenüber Geld zu entwickeln. Um an meiner Denkweise zu arbeiten, begann ich, mich weiterzubilden und intensiv die Spielregeln des Geldes zu lernen. Das bedeutete: Bücher lesen oder hören und Seminare besuchen. Veränderungen in meinem Denken und Handeln haben es mir möglich gemacht, selbst die Kontrolle über meine finanzielle Situation zu übernehmen und auf meine Ziele hinzuarbeiten.

Mein Weg vom finanziellen Mangel zur finanziellen Unabhängigkeit war geprägt von harter Arbeit, Durchhaltevermögen und dem unermüdlichen Willen, mich weiterzuentwickeln. Erfahrungen haben mich gelehrt, dass der Weg zum Erfolg mit Herausforderungen und Rückschlägen gepflastert ist. Diese können jedoch überwunden werden, wenn man den Glauben an sich selbst und seine Vision nicht verliert. Letztendlich habe ich erkannt, dass finanzielle Freiheit nicht nur bedeutet, genug Geld zu haben, um sich alles leisten zu können, sondern auch die Freiheit, das Leben nach den eigenen Vorstellungen zu gestalten, ohne ständig von finanziellen Sorgen geplagt zu sein. Dies zu erreichen, erfordert Disziplin, Bildung und die Bereitschaft, aus den eigenen Fehlern zu lernen und zu wachsen.

Auch wenn Geld nicht alles ist, bleibt es dennoch ein zentraler Faktor im Leben eines jeden Einzelnen. Es beeinflusst unsere Entscheidungen, unsere Träume und nicht selten auch unsere Beziehungen. Der häufigste Grund, warum Paare streiten, ist »das liebe Geld«. Das zeigt, wie tiefgreifend finanzielle Themen in unser persönliches Leben eingreifen und wie wichtig es ist, die Spielregeln des Geldes zu verstehen. Wer viel Geld verdienen und finanzielle Freiheit erreichen möchte, muss diese Regeln kennen. Die Reichen kennen sie und - sie spielen danach. Das bedeutet nicht, dass sie geheim sind. Jeder von uns kann sie erlernen, anwenden und davon profitieren. Der

Unterschied liegt nicht im Zugang zu Wissen, sondern darin, ob wir bereit sind, uns mit den Mechanismen des Geldes zu beschäftigen, sie zu verstehen und anzuwenden.

Zu Beginn meiner unternehmerischen Laufbahn wurde mir schnell klar, dass es eine grundlegende Fähigkeit gibt, die in der Schule nie gelehrt wird: Finanzielle Intelligenz. Dieses fehlende Puzzlestück an Wissen fand ich, als ich das Buch von Robert Kiyosaki »Rich Dad Poor Dad« las.[10] Es sollte eines der einflussreichsten Bücher meines Lebens werden. Darin erzählt der Autor von zwei prägenden Vaterfiguren in seinem Leben: seinem eigenen Vater, den er als »Poor Dad« bezeichnet, und dem Vater seines besten Freundes, der »Rich Dad« genannt wird. Während sein leiblicher Vater, ein gebildeter Mann, an Sicherheit und Stabilität glaubte, zeigte ihm »Rich Dad«, wie man Geld versteht, nutzt und vermehrt, anstatt es bloß zu verdienen und wieder auszugeben.

Buchempfehlungen zum Thema Finanzen wie zum Beispiel von Robert T. Kiyosaki findest du hier:

https://www.galecki-powerkids.de/ressourcenliste/buecher#finanzen

10 Kiyosaki, R. T. (2017). Rich Dad Poor Dad: Was die Reichen ihren Kindern über Geld beibringen, FinanzBuch Verlag, München.

Die Schule bereitet uns nicht darauf vor, finanziell erfolgreich zu sein. Sie lehrt uns, wie man gute Noten schreibt, wie man einen Beruf erlernt und wie man ein Leben lang für Geld arbeitet. Sie bringt uns aber nicht bei, wie Geld funktioniert. Stattdessen vermittelt sie ein trügerisches Ideal von Sicherheit: Mach deinen Abschluss, finde einen sicheren Job, kaufe ein Haus, spare für die Rente. Doch dieses traditionelle Modell reicht längst nicht mehr aus, um finanziellen Wohlstand oder gar Freiheit zu erreichen.

Der »Rich Dad« zeigte dem jungen Robert Kiyosaki einen anderen Weg: Dass Vermögensaufbau mit Wissen beginnt und mit der Fähigkeit, Chancen zu erkennen, um Vermögenswerte zu schaffen, die langfristig Einkommen generieren. Dabei ist es entscheidend, den Unterschied zwischen Vermögenswerten und Verbindlichkeiten zu verstehen. Viele Menschen kaufen Dinge, die sie für Vermögenswerte halten, wie ein großes Eigenheim oder teure Autos, die in Wirklichkeit nur Geld kosten. Der »Rich Dad« erklärte, dass echter Wohlstand entsteht, wenn du dein Geld so einsetzt, dass es für dich arbeitet, etwa durch Investitionen in Immobilien, Unternehmen oder andere Einkommensquellen.

Doch nicht nur Wissen ist entscheidend, sondern auch die Denkweise. Während »Poor Dad« daran glaubte, dass harte Arbeit der Schlüssel zum Erfolg sei, zeigte »Rich Dad«, dass finanzielle Freiheit nur möglich ist, wenn man bereit ist, anders zu denken. Es geht darum, alte Glaubenssätze zu hinterfragen, Risiken einzugehen und kontinuierlich zu lernen, auch wenn es jenseits dessen ist, was Schule und Gesellschaft uns vermitteln.

Geld zu verdienen ist wie Monopoly zu spielen. Jeder, der das schon einmal gespielt hat, weiß: Je mehr du investierst, desto höher die Gewinnwahrscheinlichkeit. Kiyosaki erklärt durch den Cashflow-Quadranten verständlich den Unterschied zwischen Arm und Reich. Ein wichtiger Punkt dabei sind die Steuern. In meinen Worten möchte ich es folgendermaßen erklären:

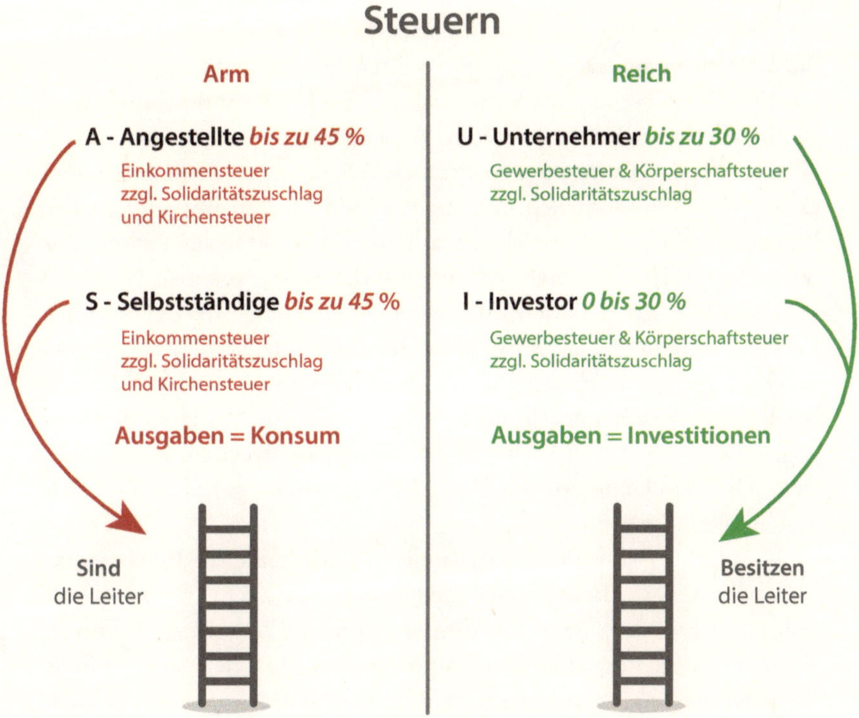

Abbildung 3: Steuern – arm und reich

Übung:

Bitte nimm dir ein Blatt Papier und einen Stift zur Hand. Zeichne nun das Diagramm ab. Es geht nicht darum, eine perfekte Kopie zu erstellen. Vielmehr sollst du dir die Inhalte bewusst machen, während du sie mit deiner eigenen Hand auf das Papier bringst. Diese Hand-Kopf-Verbindung erleichtert dir, die Informationen wirklich zu verinnerlichen.

Die Darstellung zeigt deutlich, wer mehr Steuern zahlen muss. Dir mag das auf den ersten Blick unfair erscheinen oder vielleicht glaubst du es auch nicht. Darum ist es wichtig zu verstehen, warum es so ist: Der Staat begünstigt Unternehmen und Investoren, um Anreize für Investitionen zu schaffen, Arbeitsplätze zu kreieren und das Wirtschaftswachstum zu unterstützen. Diese Steuervergünstigungen ermöglichen es Unternehmen, zu wachsen und zu investieren. Das kommt letztlich der Gesellschaft zugute. Ohne diese staatlichen Vorteile wären viele Unternehmen nicht in der Lage, zu expandieren.

Viele Menschen haben die Vorstellung, dass Ärzte, Architekten, Piloten, Ingenieure oder Anwälte reiche Leute sind. Zwar haben Angehörige dieser Berufe ein höheres Einkommen als der Durchschnitt, aber reich sind sie in der Regel nicht. Sie tauschen ihre Zeit gegen Geld. Und Zeit ist begrenzt. Mehr zu verdienen bedeutet für sie, mehr, also länger zu arbeiten. Diese Personen gehören also nicht zu den »Reichen«.

Wenn nun politische Diskussionen aufkommen, die Reichen stärker zu besteuern, betrifft dies letztendlich vor allem diejenigen, die sich auf der linken Seite der Grafik befinden. Die wirklich Vermögenden, die echten »Reichen«, sind dagegen auf der rechten Seite. Sie schützen ihr Vermögen sehr geschickt durch juristische Konstruktionen wie GmbHs oder Familienstiftungen. Der Staat wird sich hüten, die Steuerlast für diese Unternehmer und Investoren drastisch zu erhöhen. Warum? Weil genau diese Personen mit ihren Unternehmen Arbeitsplätze schaffen, Innovationen vorantreiben und die Wirtschaft stärken. Würde man sie durch höhere Steuern vertreiben, bestünde die Gefahr, dass sie ihr Kapital und auch ihre Unternehmen in Länder verlagern, die ihnen bessere Bedingungen und geringere Steuerbelastungen bieten.

Unternehmer und Investoren nutzen Firmenstrukturen wie eine GmbH (Gesellschaft mit beschränkter Haftung) oder auch Familienstiftungen, um von Steuervorteilen zu profitieren. Doch Firmen werden nicht nur wegen der Steuervorteile gegründet. Ein Vorteil der Firma ist, dass man sich schützt und nicht mit seinem Privatvermögen haftet, falls das Unternehmen in Schwierigkeiten gerät. Der Ursprung der GmbH liegt in der Geschichte weit zurück. Sie stammt aus der Zeit der Segelschiffe, Kolonien und des Handels über Kontinente hinweg. Viele Männer, die auf Entdeckungsreisen gingen, kehrten nicht zurück, was oft den Verlust der Lebensgrundlage ihrer Familien bedeutete. Um die Verantwortung für diese Verluste nicht tragen zu müssen, gründeten Könige und Adlige die ersten Gesellschaften.

Ob sich eine GmbH für dich lohnt, hängt von deinen Zielen und der Größe deiner Unternehmung ab. Diese Fragen sollten mit einem Steuerberater besprochen werden, wobei es wichtig ist, sich auf das Gespräch vorzubereiten, damit du klare Ziele kommunizieren kannst. Dazu ein paar Fragen:

1. Welche steuerlichen Vorteile kannst du mit einer GmbH nutzen?

Kläre mit deinem Steuerberater, wie du durch eine GmbH Steuern sparen kannst, zum Beispiel durch das Absetzen von Betriebsausgaben oder die Senkung der persönlichen Steuerlast. Frage den Steuerberater konkret, welche Ausgaben (beispielsweise Auto, Büro, Weiterbildung) sinnvollerweise über die GmbH laufen sollten.

2. Wie kannst du die GmbH strategisch für den Vermögensaufbau nutzen?

Besprich auch, wie Gewinne sinnvoll reinvestiert werden können, anstatt sie vollständig auszuschütten und dann hoch versteuern zu müssen. Eine GmbH kann dir helfen, Kapital anzusammeln, um Vermögenswerte wie Immobilien oder Beteiligungen aufzubauen. Dein Steuerberater weiß (hoffentlich), welche Möglichkeiten für deine Ziele infrage kommen.

- **Finanzprognose:** Überlege dir, welchen Umsatz und Gewinn du in den nächsten Jahren realistisch erwartest.
- **Kostenplanung:** Erkunde, welche laufenden Kosten und Pflichten mit der GmbH verbunden sind, damit du diese in deine Kalkulation einbeziehen kannst.

- **Langfristige Ziele:** Kommuniziere, ob du die GmbH als Instrument für Skalierung, Vermögensschutz oder steuerliche Optimierung nutzen möchtest.

Zusätzlich ist es sinnvoll, sich selbst Wissen zum Thema Steuern und Finanzen anzueignen, etwa durch Seminare, Bücher oder Hörbücher. Nur so kannst du wirklich verstehen, welche Möglichkeiten dir zur Verfügung stehen, um deine Steuerlast zu optimieren und langfristig finanziell erfolgreicher zu sein. Denn eines muss klar sein: Steuerberater, wie der Name schon sagt, sind dazu da, dich zu beraten. Sie werden dir keine fertigen Wege aufzeigen, wenn du dich nicht aktiv für deine Finanzen interessierst und konkrete Fragen stellst. Steuerberater kommen selten von allein auf dich zu und präsentieren dir Strategien, die perfekt zu deinem Leben oder deinem Unternehmen passen. Ihre Aufgabe ist es, dich zu unterstützen, aber die Verantwortung, die Steuergestaltung in die Hand zu nehmen, liegt bei dir selbst.

Steuern zu gestalten bedeutet, aktiv zu handeln, dich mit den Regeln vertraut zu machen und sie zu deinem Vorteil zu nutzen. Wer darauf wartet, dass andere die Arbeit übernehmen, wird niemals das volle Potenzial seiner finanziellen Möglichkeiten ausschöpfen. Es liegt also in deiner Verantwortung, die Kontrolle über deine Finanzen zu übernehmen. Nur du kannst entscheiden, welchen Weg du gehen möchtest. Hier ist ein QR-Code, der dich zu weiterführenden Informationen zu Finanzen und Steuern führt:

https://www.galecki-powerkids.de/ressourcenliste/buecher#finanzen

Eine Chance, um dir das nötige Wissen anzueignen und die Kontrolle über deine finanzielle Zukunft selbst zu übernehmen.

Dass sich der Weg für mich lohnen soll, habe ich frühzeitig entschieden. Nachdem ich die Vorteile der rechten Seite des Cashflow-Quadranten von Kiyosaki kennengelernt hatte, wurde mir klar, dass ich den Weg des Unternehmers und Investors einschlagen muss. Rückblickend weiß ich: Dies war die beste Entscheidung meines Lebens. Da ich Mietobjekte bauen wollte, wurde mir früh klar, dass ich auf der privaten Seite, also der linken, erheblich mehr Steuern zahlen würde. Zu dieser Zeit hörte ich zum ersten Mal von der vermögensverwaltenden GmbH. Einfach gesagt, handelt es sich bei dieser Form der GmbH um ein Unternehmen, dessen Hauptzweck darin besteht, Vermögen zu verwalten, statt aktiv Geschäfte zu betreiben. Das geschieht meist durch Vermietung und Verpachtung von Immobilien oder durch die Verwaltung von Kapitalvermögen wie Aktien, Fonds oder anderen Anlagen.

Der entscheidende Vorteil liegt in der steuerlichen Behandlung. Während Privatpersonen Mieteinnahmen mit ihrem persönlichen Einkommensteuersatz versteuern müssen, der in Deutschland bei bis zu circa 45 Prozent und bei Kapitalerträgen bei circa 25 Prozent liegt, zahlt eine vermögensverwaltende GmbH auf solche Gewinne in der Regel nur die Körperschaftsteuer plus Solidaritätszuschlag. Das sind etwa 15,8 Prozent. Es ist offensichtlich, dass dadurch mehr Geld in der GmbH übrig bleibt, das für meine Projekte reinvestiert werden kann.

Diese GmbH wird auch »Spardosen-GmbH« genannt, weil sie wie ein Sparschwein funktioniert. Gewinne können im Unternehmen angesammelt werden, ohne dass sie direkt ausgeschüttet werden müssen. Das senkt die Steuerlast nochmals. So ein Konstrukt ermöglicht dir, Vermögen innerhalb der GmbH aufzubauen und erst dann Geld auszuschütten, wenn es steuerlich sinnvoll ist.

Die Gründung meiner ersten GmbH, einer solchen vermögensverwaltenden GmbH, war der Grundstein auf meinem Weg zum Unternehmertum. Das war kein spontaner Entschluss, denn vor und auch nach der Gründung las ich zahlreiche Bücher über Steuergesetzgebung, löcherte meinen Steuerberater mit unzähligen Fragen und informierte mich umfassend über alle möglichen Optionen. Diese intensive Vorbereitung half mir, die Struktur meiner GmbH so aufzubauen, dass sie optimal zu meinen langfristigen Zielen passt.

Bald danach entdeckte ich die Holdingstruktur und gründete drei Monate später eine Tochterfirma, die das nächste Projekt umsetzen sollte. Genauso machen es die Superreichen. Eine Holdingstruktur bietet Unternehmern enorme Vorteile: Gewinne, die von der Tochtergesellschaft an die Holding (Muttergesellschaft) ausgeschüttet werden, sind in der Regel fast steuerfrei. Es wird nur ein geringer Anteil an Steuern von 1,5 Prozent fällig.

Diese Gewinne können in der Holding angesammelt und gezielt reinvestiert werden, beispielsweise in neue Projekte, Immobilien oder andere Unternehmen. Zudem bietet die Holding einen effektiven Vermögensschutz, weil sie das Risiko zwischen den einzelnen Gesellschaften aufteilt. Für Unternehmer kann die Holdingstruktur wie ein Vermögensaufbau-Turbo wirken, wenn man es richtig macht.

Natürlich gibt es andere Optionen wie auch kostengünstigere Alternativen zur Gründung einer GmbH. Anstatt alle Optionen hier detailliert aufzuführen, möchte ich dir ein Buch ans Herz legen. In dem Werk von Alexander Keck mit dem Titel »Weniger Steuern & mehr Vermögen« erklärt der Autor genau, welche unterschiedlichen Möglichkeiten es gibt, Steuern zu sparen und gleichzeitig Vermögen aufzubauen.[11] Keck führt den Leser Schritt für Schritt durch die komplexe Materie der Steueroptimierung und gibt dabei praktische Tipps und wertvolle Ratschläge. Wenn du also bereit bist, deine steuerliche Situation zu optimieren und gleichzeitig dein Vermögen zu mehren, dann lege ich dir dieses Buch wärmstens ans Herz.

---

11 Keck, A. (2023). Weniger Steuern & mehr Vermögen: Der einfache Weg zu mehr finanziellem Erfolg, FinanzBuch Verlag, München.

Buchempfehlungen zum Thema Finanzen wie zum Beispiel von Alexander Keck findest du hier:

https://www.galecki-powerkids.de/ressourcenliste/buecher#finanzen

Rückblickend war die Entscheidung, den unternehmerischen Weg einzuschlagen und die Strukturen der Reichen zu adaptieren, für mich von unschätzbarem Wert. Sie hat mir ermöglicht, steuerlich effizienter zu agieren und gleichzeitig die Grundlage für nachhaltigen Vermögensaufbau zu legen.

Zurück zur oben dargestellten Grafik, die du für dich und dein besseres Verständnis abgezeichnet hast:

Wie unterscheidet sich das Modell »Unternehmer/Investor« von dem »Angestellter/Selbstständiger«?

Ein entscheidender Unterschied liegt in der Art und Weise, wie sie arbeiten und wie nachhaltig ihr Erfolg ist. Unternehmer und Investoren arbeiten *an* ihrem Unternehmen oder ihren Vermögenswerten, anstatt *in* den täglichen operativen Aufgaben gefangen zu sein. Sie bauen Strukturen auf, schaffen Systeme und entscheiden, wer die Karriereleiter hinaufsteigt. Angestellte und Selbstständige hingegen *sind* die Leiter. Sie stützen das System mit ihrer direkten Arbeitsleistung. Ohne sie bricht das Unternehmen zusammen.

Der entscheidende Vorteil von Unternehmern und Investoren: Nachhaltigkeit und Skalierbarkeit

Ein Unternehmer, der die Leiter aufgebaut hat, kann das Unternehmen nicht nur weiterentwickeln, sondern es bei Bedarf sogar verkaufen. Das, was er aufgebaut hat, wird zu einem Vermögenswert, den er veräußern oder von anderen verwalten lassen kann. Dadurch schafft er eine finanzielle Unabhängigkeit, die selbst dann besteht, wenn er nicht aktiv darin mitarbeitet. Hat er alles richtig gemacht, könnte er sich sogar bedenkenlos mal für ein Jahr oder länger zurückziehen und bei seiner Rückkehr feststellen, dass das Unternehmen nicht nur stabil erfolgreich geblieben, sondern sogar gewachsen ist.

Ein Angestellter hat so eine Möglichkeit nicht. Seine Arbeit gehört dem Unternehmen, für das er tätig ist. Selbst bei größtem beruflichen Erfolg kann er weder seine Position noch seinen Job an Nachkommen weitergeben oder verkaufen. Seine finanzielle Existenz ist vollständig von seiner eigenen Arbeitsleistung abhängig.

Die Herausforderung der Selbstständigen: Sie sind gefangen in ihrer Arbeit

Selbstständige befinden sich in einer Zwischenposition: Zwar haben sie die Möglichkeit, eine GmbH zu gründen und dadurch von steuerlichen Vorteilen zu profitieren, doch in den meisten Fällen ist ihr Unternehmen vollständig von ihnen persönlich abhängig. Ihr Wissen, ihre Fähigkeiten und ihre Arbeitskraft sind das Herzstück des Unternehmens. Wenn der Selbstständige aufhört zu arbeiten, sei es durch Krankheit, Ruhestand oder andere Gründe, steht das Unternehmen still. Ohne klar aufgebaute Strukturen mit Mitarbeitern, die es ermöglichen, dass das Unternehmen ohne ihn funktioniert, bleibt die Selbstständigkeit oft genauso anfällig wie ein Angestelltenverhältnis.

Ein Unternehmer hingegen denkt von Anfang an langfristig. Er baut Prozesse und ein Team auf, das unabhängig von seiner persönlichen Anwesenheit agieren kann. So wird aus der Arbeit des

Unternehmers ein System, das auch ohne ihn funktioniert. Es läuft weiter, wenn er sich rauszieht. Das ist der entscheidende Unterschied zwischen »ein Unternehmen besitzen« und »für ein Unternehmen arbeiten«.

Warum Unternehmer die Leiter besitzen und andere sie stützen

Während Angestellte und Selbstständige das System mit ihrer Arbeitskraft und ihrem Wissen stützen und somit Teil der Leiter sind, besitzen Unternehmer und Investoren die Leiter und kontrollieren das System. Sie schaffen nicht nur die Strukturen, auf denen andere Karriere machen können, sondern entscheiden auch, wann und wie sie sich von diesen Strukturen trennen. Ein Unternehmer kann verkaufen, ein Angestellter oder Selbstständiger nicht.

Zum Schluss möchte ich die Begriffe Konsum und Investition darstellen: Was bedeuten sie und wie grenzen sie sich voneinander ab? Sicherlich wirst du dir denken, dass reiche Menschen, Unternehmer und Investoren viele Dinge konsumieren, also sich Dinge kaufen, die sie haben möchten. Das mag auf den ersten Blick so erscheinen, doch für einen Geschäftsinhaber sind Ausgaben kein Konsum, sondern eine Investition. Das gilt auch für mich.

Ob es ein Auto, eine Reise oder ein neuer Laptop ist, der für die Arbeit genutzt wird, all diese Dinge gelten als betriebliche Ausgaben. Auch ein Essen mit potenziellen Kunden, die Teilnahme an Weiterbildungsseminaren oder der Kauf von Software sind klassische Beispiele für Ausgaben, die als Investitionen anerkannt sind. Unter bestimmten Voraussetzungen können sogar Luxusgüter wie ein Sportwagen oder bei großen Konzernen ein Privatjet als betriebliche Ausgaben abgesetzt werden. Warum sonst können Superreiche sich teure Yachten oder andere hochpreisige Anschaffungen leisten? Sie nutzen sie nicht ausschließlich privat, sondern deklarieren sie als Teil ihres Geschäfts, beispielsweise für Meetings, Präsentationen oder Networking-Events.

Wichtig ist, dass die Nutzung einen geschäftlichen Zweck hat. Natürlich müssen bestimmte Voraussetzungen erfüllt sein, über die man sich besser informiert, bevor man eine Yacht kauft. Doch wer die Spielregeln kennt, kann diese Vorteile geschickt nutzen.

Der Vorteil ist, diese Ausgaben mindern den Gewinn des Unternehmens, auf den Steuern gezahlt werden müssen. Überlege mal: Das bedeutet, dass du sie in deinem Unternehmen steuerlich geltend machen kannst, solange sie tatsächlich für geschäftliche Zwecke genutzt werden. Je größer dein Unternehmen ist und je mehr du hinein investierst, desto mehr Möglichkeiten hast du, solche Ausgaben zu deklarieren und dein Geschäft auszubauen. Denke daran, Entscheidungen wie diese immer in Abstimmung mit deinem Steuerberater zu treffen.

Auf der linken Seite der Grafik siehst du, dass einige dieser Dinge auch für Angestellte und Selbstständige möglich sind, aber in einem sehr viel kleineren Rahmen als bei den Unternehmern und Investoren auf der rechten Seite. Natürlich sollte eine GmbH-Gründung nicht nur aus diesen Erwägungen erfolgen. Man muss sich eine Firma wie ein kleines Baby vorstellen: Sie braucht am Anfang viel Aufmerksamkeit, Zeit, Pflege und Hingabe. Erst nach einer Weile wird sie eigenständig sein und »laufen« können.

Als ich mein Unternehmen gegründet habe, standen Investitionen in neue Projekte immer an erster Stelle. In der ersten Zeit, bis zur Kündigung meines Angestellten-Jobs, habe ich weder Gehalt noch Auszahlungen aus meinen Firmen genommen.

Um zu zeigen, warum mir das wichtig war, möchte ich eine Geschichte erzählen: Die Geschichte handelt von einem Bauern, der eines Morgens in seinen Stall ging, um nach den Tieren zu schauen. Neben seiner gackernden Gans entdeckte er plötzlich ein goldenes Ei. Zunächst dachte er, die Nachbarn hätten sich einen Scherz erlaubt, und ein Ei golden angemalt. Doch nachdem er es in die Hand genommen und genau untersucht hatte, merkte er, dass es tatsächlich aus purem Gold war. Er ging zu einem Goldschmied, der bestätigte es ihm. Der Bauer war überglücklich, verkaufte das Ei, zahlte seine Schulden ab, feierte eine große Party und gab das Geld mit vollen

Händen aus. Am nächsten Morgen ging er wieder in den Stall und sah, dass die Gans erneut ein goldenes Ei gelegt hatte. Wieder verkaufte er es und gab das Geld mit vollen Händen aus. Nach einer Zeit wurde der Bauer gierig, wollte nicht nur ein Ei am Morgen, sondern mehrere auf einmal. Er ging in den Stall, nahm die Gans und drehte ihr den Hals um. Er tötete das Tier, um in ihrem Innern an alle Eier zu kommen. Doch was fand er vor? Nur eins, das aber noch nicht fertig und in der Entwicklung war. Wie dumm von ihm, er tötete seine goldene Gans.

Die Moral der Geschichte kennen wir alle: Töte niemals deine goldene Gans. Diese Metapher soll verdeutlichen, dass man nicht zu gierig sein darf, wenn man ein Unternehmen startet. Zuerst gilt es, sich einzubringen, zu investieren, aufzubauen. Übertragen bedeutet das: die Gans füttern, füttern und füttern. Genau das habe ich am Anfang mit jeder meiner Firmen gemacht. Ich habe sie kontinuierlich genährt und meine eigenen Wünsche zurückgestellt. Die Geduld hat sich ausgezahlt, denn nun legt meine Gans sehr viele goldene Eier. Mein Tipp: Sei geduldig und säe, bevor du erntest.

Diese Perspektive hat mein Verständnis von Investitionen grundlegend verändert. Früher sah ich betriebliche Ausgaben als notwendiges Übel, heute betrachte ich sie als strategische Investments, die mein Geschäft voranbringen. Das hat nichts mit Konsum zu tun. Es hat mir ermöglicht, effizienter und zielgerichteter zu handeln, stets mit dem Fokus auf Wachstum und Nachhaltigkeit.

An dieser Stelle kommen wir zu einem wichtigen Punkt: Schulden. Schulden können ein wichtiges Werkzeug beim Vermögensaufbau sein. Ja, richtig gelesen: Schulden werden von Menschen, Unternehmen, Investoren und Staaten genutzt, um mehr Kapital für Investitionen bereitzustellen. Je mehr sinnvolle Investitionen getätigt werden, desto größer ist das erzielte Ergebnis. Die als Glaubenssatz aus dem Elternhaus übernommene Maxime »Mache keine Schulden« ist korrekt, wenn man diese Aussage auf Konsumschulden bezieht. Konsumschulden sind schlechte Schulden. Leider haben uns unsere

Eltern und Lehrer nicht erklärt, dass es auch gute Schulden gibt, wahrscheinlich, weil sie es selbst nicht besser wussten.

Schulden zu machen, um Geld zu verdienen, schreckt viele Menschen ab, weil sie von klein auf gelernt haben, dass Schulden nichts Gutes sind. Doch das stimmt nicht. Schulden werden sogar von Staaten genutzt, um die Wirtschaft anzukurbeln oder die Infrastruktur zu verbessern. Das führt im Idealfall langfristig zu verbesserter Effizienz der Unternehmen, höherem Wettbewerb, attraktiven neuen Standorten und mehr Steuereinnahmen eines Landes.

Leider sieht die Realität meist anders aus. In vielen Fällen werden Schulden nicht effizient eingesetzt: Sie fließen in unproduktive Projekte oder in kurzfristige politische Versprechen, die keine nachhaltigen Ergebnisse liefern. Statt Investitionen zu tätigen, die unsere Wirtschaft stärken oder den Bürgern langfristige Vorteile bringen, häufen sich Defizite an, während die Schuldenlast wächst. Dies kann – und das kann man deutlich nachverfolgen - dazu führen, dass die angestrebten Ziele, wie mehr Effizienz und gesteigerter Wettbewerb, nicht erreicht werden, sondern die Schulden irgendwann zur Belastung für zukünftige Generationen werden.

An dieser Stelle möchte ich darauf aufmerksam machen, welcher Staat in den letzten Jahren außergewöhnlich gut investiert hat: die Vereinigten Arabischen Emirate (VAE). Mit einer klaren Vision und strategischer Weitsicht haben sie es geschafft, nicht nur ihre Wirtschaft zu diversifizieren, sondern zu einem globalen Magneten für kluge Köpfe und wohlhabende Menschen zu werden.

Ein herausragendes Beispiel dafür ist Dubai. Diese Stadt, die einst ein kleines Handelszentrum war, hat sich dank der gezielten Schaffung hervorragender Bedingungen in eine pulsierende Metropole verwandelt. Durch strategische Investitionen in Infrastruktur, Technologie, Tourismus und Finanzdienstleistungen hat Dubai eine Atmosphäre geschaffen, die Innovation und Wachstum fördert. Steuerliche Vorteile, politisch stabile Rahmenbedingungen und ein Lebensstandard, der weltweit zu den besten zählt, ziehen jedes Jahr Menschen und Unternehmen aus der ganzen Welt an, die sich dort niederlassen.

Zurück zum Thema Schulden. Unternehmen und Investoren nutzen Schulden, um größere Investitionen zu tätigen und schneller zu wachsen. Dies schafft neue Arbeitsplätze und erhöht den Wohlstand. Der entscheidende Unterschied liegt also darin, wie Schulden genutzt werden. Erfolgreich sind sie nur dann, wenn sie strategisch in Vermögenswerte oder Maßnahmen investiert werden, die langfristig eine höhere Rendite generieren, als die Schulden selbst kosten. Genau das ist auch die Denkweise, die erfolgreiche Unternehmer und Investoren verfolgen, wenn sie Schulden als Werkzeug nutzen.

In der heutigen Ära der Zentralbanken stellen Schulden einen mächtigen Hebel dar, um schneller Kapital zu generieren. Die Kontrolle von Zinserhöhungen und -senkungen ist einer der entscheidenden Faktoren dafür, wie es der Wirtschaft eines Landes geht. Zinssenkungen stimulieren die Wirtschaft durch günstigeres Geld, während Zinserhöhungen die Konjunktur bremsen. Es ist wichtig, zu betonen, dass dies nicht der einzige Einflussfaktor ist, denn auch das Verhalten der Bürger und Unternehmen spielt eine entscheidende Rolle. Warum? In unsicheren wirtschaftlichen Phasen neigen viele Menschen dazu, mehr zu sparen und weniger auszugeben. Diese Zurückhaltung führt dazu, dass weniger Geld im Umlauf ist, was wiederum der Wirtschaft schadet.

Diese durch Zinserhöhungen und Zinssenkungen verursachten Zyklen haben für Otto Normalverbraucher, also Menschen, die nicht investieren, Nachteile, die sich dann in einer Inflation widerspiegeln. Ein Beispiel: Ende des Jahres 2022 betrug das Geldvermögen der privaten Haushalte in Deutschland rund 7,25 Billionen Euro. Bei einer Inflation von zehn Prozent wurde das Vermögen der Deutschen um 725 Milliarden Euro entwertet. Das Geld verlor an Kaufkraft. Es verschwand jedoch nicht einfach, sondern entwertete gleichzeitig die Schulden derjenigen, die welche hatten. Da der deutsche Staat Schulden in Höhe von circa 2,37 Billionen Euro besitzt, hat die Bevölkerung bei einer Inflation von zehn Prozent eine Entwertung von 237 Milliarden Euro mitfinanziert. Mit anderen Worten: Es ist der Bürger, der für alles bürgt.

Auch wenn unser kapitalistisches System kritisiert wird, hat es in den letzten hundert bis hundertfünfzig Jahren den Wohlstand weltweit erheblich vergrößert und die Lebensqualität für viele Menschen verbessert. Ein beeindruckendes Beispiel für die Wohlstandssteigerung zeigt sich in der Verringerung der weltweiten Armut. Vor rund hundert bis hundertfünfzig Jahren, etwa zwischen 1820 und 1900, lebten schätzungsweise achtzig bis neunzig Prozent der Weltbevölkerung in extremer Armut. Im Vergleich dazu sind es 2023 weniger als neun Prozent. Dieser Rückgang ist historisch beispiellos und das Ergebnis wirtschaftlichen Wachstums, technologischer Innovationen und der Globalisierung, die durch marktwirtschaftliche Prinzipien angetrieben wurden.

Zudem ist der globale Durchschnittslohn im selben Zeitraum enorm gestiegen, und viele Länder haben durch kapitalistische Reformen ihren Wohlstand vervielfacht. Auch die durchschnittliche Lebenserwartung hat sich positiv verändert: Vor hundert Jahren lag die globale Lebenserwartung bei etwa dreißig bis vierzig Jahren, heute liegt sie bei knapp über 72 Jahren und soll bis 2050 bei etwa 77 Jahren liegen. Diese Fortschritte sind direkte Folgen von technologischen Innovationen, besserem Zugang zu Bildung, Medizin und einer gesteigerten Produktivität – alles gefördert durch das kapitalistische System.

Ohne Schulden zu machen, wäre das niemals möglich gewesen. Also: Schulden sind gut, solange sie für gute Investitionen genutzt werden. Selbst die damit einhergehende Inflation hat ihre Berechtigung. Stelle dir vor, es gäbe keine neuen Schulden. Dann käme es zu einer Deflation. Das führt dazu, dass Menschen ihr Geld festhalten und es weder ausgeben noch investieren, weil es mehr wert wird. Das schadet der Wirtschaft enorm. Die Folgen sind katastrophal: weniger Arbeitsplätze, geringerer Wohlstand. Das bedeutet, in unserem System werden diejenigen benachteiligt, die ihr Geld nicht investieren oder nutzen, während jene, die Schulden aufnehmen und investieren, von der Entwertung dieser Schulden profitieren.

An dieser Stelle erlaube ich mir, einen wichtigen Tipp aus meiner Erfahrung zu geben: Solltest du in deinem Business mit Banken zusammenarbeiten und davon abhängen, wie diese deine Projekte finanzieren, rate ich dir dringend, Geschäftsbeziehungen zu mehreren Banken gleichzeitig aufzubauen. Besonders in der Immobilienbranche ist das von entscheidender Bedeutung. Warum? Wenn du alle deine Projekte nur über eine einzige Bank abwickelst, kann es passieren, dass diese Bank irgendwann »satt« ist. Banken haben ein sogenanntes Klumpenrisiko: Wenn ein einzelner Kunde oder eine bestimmte Branche einen überproportional großen Teil ihres Kreditportfolios ausmacht, wird das für die Bank zu einem Risiko. Sollte es Probleme bei diesem Kunden oder in der Branche geben, könnte dies die Bilanz der Bank stark belasten. Deshalb sind Banken oft vorsichtig, wenn sie merken, dass ein Kunde zu bedeutend für ihre Bilanz wird, und begrenzen dann bewusst ihre weitere Finanzierung.

Das kann dazu führen, dass dir eine Bank plötzlich eine Finanzierungszusage verweigert, obwohl du fest damit gerechnet hast. Einfach, weil sie ihr eigenes Risiko minimieren möchte. Für dein Geschäft könnte das fatale Folgen haben, insbesondere wenn du nur mit dieser einen Bank arbeitest. Daher ist es klug, mehrere Bankkonten zu haben und Geschäftsbeziehungen zu unterschiedlichen Banken zu pflegen. Diese Diversifikation gibt dir die Flexibilität, auf Alternativen zurückzugreifen, falls eine Bank aussteigen oder eine Finanzierung ablehnen sollte. Wenn eine Bank nicht bereit ist, mit dir zusammenzuarbeiten, wird sich mit hoher Wahrscheinlichkeit eine andere finden, die Interesse an deinem Geschäft hat.

Dieser Ansatz hat mir in der Vergangenheit sehr geholfen. Dank der Flexibilität konnte ich Projekte umsetzen, die mit nur einer Bank ins Stocken geraten wären. Mein Vorteil war und ist, dass ich nicht von einer einzigen Bank abhängig bin. In der Immobilienbranche und auch in anderen Investitionsbereichen ist das ein entscheidender Erfolgsfaktor, den du von Anfang an mit einkalkulieren und einplanen darfst.

Auch Themen wie Politik, nicht zuletzt Geopolitik, sind wichtige Aspekte, die man als Unternehmer und Investor stets berücksichtigen sollte. Es würde den Rahmen dieses Buches sprengen, jetzt darauf einzugehen. Umfangreiches Wissen und die Bereitschaft, über den eigenen Tellerrand zu schauen, sind unglaublich wichtig, um zu verstehen, was in der Welt geschieht und wie man in verschiedenen Situationen reagieren sollte. Erfolgreiche Menschen haben sich dieses Wissen angeeignet und sind auf jeden Sturm oder jede Turbulenz am Markt vorbereitet. Durch das richtige Handeln verdienen sie ihr Geld sowohl in guten als auch in schlechten Zeiten. Daher ist es ihnen gleichgültig, ob die wirtschaftlichen Bedingungen gut oder schlecht sind, denn durch antizyklisches Investieren sind sie immer in der Lage, Gewinne zu erzielen.

Dazu gehört auch, neugierig zu sein und neugierig zu bleiben. Das setzt allerdings voraus, die eigene Perspektive auf die Welt regelmäßig kritisch zu hinterfragen. Jeder von uns betrachtet die Welt durch seine eigene Brille. Um das Geschehen rund um den Globus zu verstehen, darf jeder für sich lernen, die eigene Brille abzulegen und mal andere Perspektiven einzunehmen, denn ein Perspektivwechsel lässt uns die Welt aus anderer Sicht erleben.

Häufig scheitern Menschen schon daran, andere zu verstehen. Sie versuchen, die Welt der anderen durch ihre eigene Brille zu sehen. Das führt unweigerlich zu Missverständnissen und falschen Einschätzungen. Diese wiederum führen in den meisten Fällen zu unklugen Entscheidungen. Ob im Geschäftsleben, in der Partnerschaft oder in anderen Bereichen des Lebens – solche Fehlentscheidungen erschweren den Fortschritt und das gegenseitige Verständnis. Es braucht also einen Paradigmenwechsel.

Ein Paradigmenwechsel bezeichnet eine grundlegende Änderung in der Art und Weise, wie wir unsere und die Welt der anderen sehen und verstehen. Das bedeutet, neue Perspektiven einzunehmen. Das ist notwendig, um tiefere Einsichten zu gewinnen und besser auf die Herausforderungen und Bedürfnisse anderer einzugehen. Die Welt aus anderen Perspektiven zu betrachten, hat mir persönlich sehr geholfen. Ich habe erkannt, dass ich, um finanziell unabhängig zu werden, meine eigene Sichtweise hinterfragen und die Welt durch die Augen erfolgreicher Menschen betrachten musste.

Eine Veränderung des eigenen Blickwinkels bezieht sich nicht nur aufs Business: Auch, wenn man sich eine glückliche Beziehung wünscht oder besser mit dem Partner kommunizieren möchte, ist es notwendig, sich intensiv mit dem Thema auseinanderzusetzen und zu fragen: Wie sieht mein Partner die Situation? Diese Herangehensweise erleichtert das Verständnis füreinander und die Interaktion mit dem Gegenüber. In der Partnerschaft wie im Berufsleben. Selbst für einen Angestellten, der eine Gehaltserhöhung haben möchte, ist es hilfreich, die Perspektive des Chefs einzunehmen. In solchen Momenten hilft es, sich zu fragen: Was würde ihn dazu veranlassen, mir mehr Gehalt zu zahlen? Was erwartet der Chef von mir? Wie kann ich meinen Wert für ihn besser darstellen?

Fragen sind ein mächtiges Instrument in der Kommunikation. Fragen in alle Richtungen zu stellen, erweitert das Verständnis füreinander oder für Situationen und lässt ein klares Gesamtbild entstehen. Indem wir neugierig bleiben und kontinuierlich verschiedene Perspektiven einnehmen, verbessert unsere Fähigkeit, fundierte Entscheidungen zu treffen und bessere Beziehungen aufzubauen. Im Business wie privat.

Diese Art von Neugier hat mich dorthin geführt, wo ich heute stehe. Ich plane und realisiere nicht nur erfolgreich Immobilienprojekte, sondern schreibe mein erstes Buch. Werde Autor. Ein großer Schritt, denn ich wusste bisher nichts über Bücherschreiben. Ich tue es jetzt, weil ich Fragen stelle. Wenn man nicht weiß, wie etwas funktioniert, fragt man jemanden, der es weiß oder kann. So habe ich es auch gemacht, indem ich mir einen Coach zur Seite genommen habe. An dieser Stelle möchte ich Ulrike Luckmann, mein weiblicher Autoren-Coach, für ihr Wissen, ihre Tipps und ihre Erfahrungen danken, die mir geholfen haben, dieses Buch zu schreiben.

Etwas nicht zu wissen oder noch nicht zu können, darf niemanden davon abhalten, etwas zu tun. Ich glaube daran: »Was der Mensch sich vorzustellen vermag, das kann er auch erreichen.«

Kapitel 4
Verkaufen, Verkaufen, Verkaufen

Verkauf ist eine Kunst, die jeder beherrschen sollte, der erfolgreich sein will, unabhängig davon, ob Angestellter, Selbstständiger, Unternehmer oder Investor. Warum? Weil Verkaufen mehr ist als nur Produkte oder Dienstleistungen an den Mann oder die Frau zu bringen. Es geht darum, Visionen zu teilen, Ideen zu vermitteln und Menschen davon zu überzeugen, dir zu folgen. Egal, ob Kunde, Partner, Geschäftspartner oder Menschen in deinem Team.

Stell dir vor, du bist Angestellter und möchtest eine bessere Position im Unternehmen, für das du arbeitest. Dann musst du deinem Chef den Wert deiner Arbeit glaubwürdig verkaufen. Du bist selbstständig und möchtest neue Kunden gewinnen? Ohne die Fähigkeit, dich und deine Dienstleistungen überzeugend zu verkaufen, wirst du keine Aufträge bekommen. Als Unternehmer geht es nicht nur darum, deine Produkte gewinnbringend zu verkaufen, sondern auch deine Marke, Vision und Ziele. Du verkaufst dich und deine Dienstleistungen oder Produkte an Investoren, Mitarbeiter und an die Welt um dich herum. Und als Investor? Du verkaufst nicht nur Projekte, sondern überzeugst Unternehmen davon, dass sie dich zum Partner nehmen, weil du ihre Vision teilst und sie mit deinen Vorhaben Realität werden lässt.

Verkaufen passiert überall, ob wir es als solches realisieren oder nicht. Es ist die Grundlage, die uns ermöglicht, zu wachsen, zu expandieren und unsere Ziele zu erreichen. Es gibt kein Unternehmen und keinen Erfolg ohne Verkauf. Selbst im persönlichen Leben verkaufen wir ständig uns selbst, unsere Ideen, Träume, Wünsche und Ziele. Wie effektiv und überzeugend wir das tun, entscheidet darüber, ob wir scheitern oder erfolgreich sind.

Genau diese Fähigkeit, mich und meine Ideen überzeugend zu verkaufen, hat es mir ermöglicht, viele meiner Projekte überhaupt ins Leben zu rufen. Ich habe vieles allein gestartet aus eigenem Antrieb, mit eigenem Risiko und dem festen Willen, es zu schaffen. Doch ich habe auch erlebt, dass aus einer starken eigenen Basis später Partnerschaften entstehen können, die Projekte in eine neue Dimension heben. Manche Erfolge tragen meine Handschrift allein, andere sind das Ergebnis von gemeinsamem Denken und Handeln.

Verkauf ist dabei weit mehr als ein Geschäftsabschluss. Es ist die Kunst, Menschen für eine Vision zu gewinnen – manchmal für ihre eigene, manchmal für eine, die man selbst in ihnen sieht. Wer diese Kunst beherrscht, öffnet Türen, die für andere verschlossen bleiben, und schafft Verbindungen, aus denen sich Möglichkeiten ergeben, die man allein kaum erdenken könnte. Vielleicht ist das der wahre Kern von Verkauf: nicht nur Produkte zu bewegen, sondern Entwicklungen in Gang zu setzen, die Leben verändern können.

Ob du diese Energie in deinem eigenen Berufsfeld entfaltest, in einem neuen Projekt, oder ob unsere Wege sich irgendwann kreuzen – das Leben hat eine Art, Gelegenheiten zur richtigen Zeit zu zeigen. Wer weiß.

Der Verkauf ist der Motor, der alles antreibt. Er öffnet Türen, die sonst verschlossen bleiben würden, und gibt uns die Macht, unser eigenes Schicksal zu gestalten. Du kannst das beste Produkt haben, die innovativste Idee oder die tiefste Überzeugung – ohne Verkauf wird es niemand erfahren. Wer nicht verkauft, bleibt unsichtbar, und Unsichtbarkeit führt in unserer Welt selten zum Erfolg.

Verkaufen bedeutet, Fragen zu stellen: Schon Platon sagte, dass der mächtigste Weg, eine Argumentation zu gewinnen, der sei, Fragen zu stellen. Er wusste, durch Fragen erkennen die Menschen die Lücken in ihrer Logik. Auf Verkaufsgespräche übertragen bedeutet das, es ist sinnvoll, den Gesprächspartner durch kluge Fragen zum Nachdenken anzuregen. Indem wir Fragen stellen, lenken wir die Aufmerksamkeit auf Bedürfnisse, Unsicherheiten oder verborgene Motivationen. Wir ermöglichen dem Kunden, zu erkennen, warum unsere Lösung die beste für ihn ist oder sein könnte. Natürlich ist das

Zitat Platons in allen möglichen Situationen und Lebensbereichen anwendbar.

Verkauf bedeutet Mut: sich zu zeigen, trotz des Risikos, abgelehnt zu werden. Nur wer sich etwas traut, kann gewinnen. Verkaufen ist nicht nur eine Technik, sondern eine Lebenseinstellung. Es geht um Überzeugungskraft, um Verständnis für die Bedürfnisse anderer und darum, diesen Bedürfnissen gerecht zu werden. Beim Verkaufen geht es auch darum, Menschen zu inspirieren, zu motivieren und ihnen zu zeigen, dass deine Lösung die beste für sie ist. Dazu braucht es innere Stärke und Mut, denn es gibt immer das Risiko, abgelehnt zu werden.

Wenn ich meinen Weg vom angestellten Fließbandarbeiter zum Immobilienunternehmer und Investor rückblickend betrachte, war Verkaufen der Schlüssel zum Erfolg. Mein Weg war nicht immer leicht: Ich musste lernen, dass jeder große Schritt, jede Entscheidung, die ich treffe, auf der Fähigkeit beruht, verkaufen zu können. Also lernte ich es und verbesserte diese Fähigkeit in jedem einzelnen Gespräch. Mir wurde klar, wenn ich nicht verkaufe, tut es niemand sonst für mich. Verkaufen ist Macht. Es ist die Chance, die Welt um dich herum nach deinen eigenen Vorstellungen zu formen.

Was hält Menschen davon ab, mutig in Verkaufsgespräche zu gehen, sich und ihre Dienstleistungen, Produkte oder Projekte überzeugend zu verkaufen? Aus meiner Sicht sind es Glaubenssätze. Damit sind wir wieder beim Thema: Viele Menschen tragen tief verwurzelte Überzeugungen in sich, die sie davon abhalten, das Verkaufen in seiner wahren Bedeutung zu verstehen und zu meistern – ja, zu lieben. Diese negativen Glaubenssätze stammen nicht nur aus der Kindheit, sondern werden zudem laufend genährt durch Missverständnisse, Vorurteile oder eigene enttäuschende Erfahrungen.

Verkaufen, Verkaufen, Verkaufen

Ein weit verbreiteter Irrglaube ist, dass Verkaufen manipulativ sei. Der Gedanke, dass man anderen etwas aufdrängt, das sie nicht wirklich brauchen, spukt in den Köpfen vieler Menschen. Dabei wird übersehen, dass es beim Verkaufen nicht darum geht, jemanden zu überreden, zu täuschen oder über den Tisch zu ziehen, sondern darum, echte Bedürfnisse zu erkennen und dafür passende Lösungen anzubieten.

Ein Glaubenssatz, der so manchen zurückhält, lautet: »Ich bin kein Verkäufer-Typ.« Es wird angenommen, dass man eine bestimmte Persönlichkeit oder besondere Talente mitbringen muss, um erfolgreich zu sein. Das ist ein Trugschluss. Verkaufen ist kein angeborenes Talent, sondern eine Fähigkeit, die jeder Mensch lernen kann.

Ein Trugschluss ist auch, anzunehmen, dass sich guter Service von alleine verkauft. Dienstleister und Unternehmer verlassen sich darauf, dass die Qualität ihrer Produkte ausreicht, um neue Kunden zu gewinnen. Doch wie sollen potenzielle Interessenten davon erfahren? Ohne es aktiv zu verkaufen, bleibt selbst das beste Angebot im Verborgenen und viele Chancen ungenutzt.

Weit verbreitet ist die Vorstellung, dass Verkäufer unangenehm und aufdringlich sind, ihre Kunden belästigen oder bedrängen. Das Image von Verkäufern ist nicht das beste. Diese Einstellung führt dazu, dass man sich scheut, auf fremde Menschen zuzugehen und ihnen das anzubieten, was man zu bieten hat.

Ein anderer Irrglaube ist, dass der Erfolg beim Verkaufen ausschließlich vom Preis abhängt. Wer sich nur auf Preisnachlässe konzentriert, verpasst die Chance, den echten Nutzen seines Angebots zu vermitteln und den Blick des Gegenübers auf das zu lenken, was wirklich zählt: den wahren Wert und Nutzen, den ein Produkt oder eine Dienstleistung dem Käufer bietet.

Weil die Angst vor Ablehnung tief in uns verwurzelt ist, empfinden Menschen jedes »Nein« eines Kunden, jede Zurückweisung als persönliche Niederlage. Diese Einstellung ist lähmend und führt dazu, dass man sich vorm Verkaufen drückt, aus Angst, abgelehnt zu werden.

Wie oft wird angenommen, dass nur extrovertierte Menschen gut verkaufen können? Stimmt das wirklich? Ich glaube nicht, denn die Wahrheit ist, dass Einfühlungsvermögen, aktives Zuhören und der Aufbau einer vertrauensvollen Beziehung zum Gesprächspartner feinfühligen Menschen besser gelingt und mindestens genauso wichtig sind wie eine gute Rhetorik.

Schließlich gibt es noch die Annahme, dass Verkaufen nur etwas für Menschen ist, die es rein aus finanziellen Gründen tun. Mit anderen Worten, die geldgierig sind. Diese Sichtweise wertet den Beruf des Verkäufers ab und übersieht, dass Verkaufen eine respektable und wertvolle Beratung von Menschen ist, die etwas brauchen oder etwas suchen. Der Verkäufer bietet Lösungen an. Das ist eine andere Ebene, die persönlichen und beruflichen Erfolg ermöglicht, auch wenn es den finanziellen Erfolg mit einschließt.

Negative Glaubenssätze wirken wie unsichtbare Ketten, die das eigene Potenzial im Verkauf einschränken. Wer sie erkennt, daran arbeitet und sie überwindet, öffnet sich selbst Türen zu neuen Möglichkeiten und bekommt ein tieferes Verständnis dessen, was Verkaufen wirklich bedeutet: Menschen dabei zu helfen, Wege zu finden, die ihre Probleme lösen und ihr Leben verbessern.

Verkaufen lernen

Verkaufen ist eine Kunst, die auch du lernen kannst, egal, ob du von Natur aus extrovertiert oder introvertiert bist. Der Weg, ein Meister im Verkaufen zu werden, beginnt mit der Entscheidung, es zu beherrschen. Das kannst du, wenn du verstanden hast, dass Verkaufen den Unterschied zwischen Erfolg und Misserfolg ausmacht.

Um ein erfolgreicher Verkäufer zu werden, ist der erste Schritt, das tiefere Verständnis für den Mehrwert und die Lösungen zu entwickeln, die dein Angebot bietet. Es geht nicht darum, nur die Merkmale deines Produkts oder deiner Dienstleistung aufzuzählen, sondern darum, den echten Nutzen für den anderen zu erkennen und zu vermitteln. Menschen kaufen keine Produkte, sie kaufen Lösungen, die ihre Bedürfnisse erfüllen und ihre Wünsche realisieren. Wenn du verstehst, welchen Mehrwert dein Angebot für den Kunden hat und welche Probleme es löst, kannst du dies überzeugend weitergeben und mit ganzer Kraft vertreten.

Die Kunst des Zuhörens

Einer der größten Irrtümer im Verkauf ist der Glaube, dass es hauptsächlich ums Reden geht. In Wirklichkeit ist es das Gegenteil: Die besten Verkäufer sind diejenigen, die am besten zuhören können. Sie hören genau hin, wenn der Kunde spricht, versuchen, seine Bedürfnisse und Ängste wirklich zu verstehen. Sie stellen die richtigen Fragen. Nur wer genau weiß, was sein Gegenüber wirklich braucht, kann eine maßgeschneiderte Lösung anbieten. Zuhören ist der Schlüssel, um echte Verbindungen auf menschlicher Ebene zu schaffen und Vertrauen aufzubauen.

Verkaufen ist Vertrauenssache. Menschen kaufen von Menschen, denen sie vertrauen. Vertrauen entsteht durch Ehrlichkeit, Authentizität und das Einhalten von Versprechen. Wenn du etwas verkaufst und dein Versprechen nicht einhältst, hast du verloren. Die Beziehung ist zerstört, und du bekommst keine zweite Chance, sie wieder neu aufzubauen. Sei dir bewusst, dass du nicht nur Produkte oder Dienstleistungen verkaufst, sondern auch dich selbst. Dein Kunde muss das Gefühl haben, dass er sich auf dich verlassen kann.

Umgang mit Ablehnung

Ablehnung gehört zum Verkaufen wie die Luft zum Atmen. Sie ist unvermeidlich. Aber anstatt dich davon entmutigen zu lassen, solltest du sie als Chance sehen, besser zu werden. Jedes »Nein« eines potenziellen Kunden bringt dich näher an das nächste »Ja«. Nimm bitte eine Ablehnung deines Angebots nicht persönlich. Sie ist Teil des Verkaufsspiels, und je mehr du dich daran gewöhnst, desto sicherer wirst du. Erfolg im Verkauf ist nicht die Zahl der »Ja«, die du bekommst, sondern wie souverän du mit einem »Nein« umgehst.

Setze dir klare Ziele für jedes Gespräch

Verkaufen ohne Ziel ist wie Segeln ohne Kompass. Du solltest genau wissen, wohin du willst, sonst wirst du niemals ankommen. Setze dir klare und messbare Ziele, sei es die Anzahl der Abschlüsse, die du erreichen möchtest, oder die Art von Kunden, die du gewinnen willst. Diese Ziele geben dir den Fokus, den du brauchst, um erfolgreich zu sein. Verkaufen ist nichts, was du halbherzig machen kannst. Verkaufen will gelebt sein. Du musst an das glauben, was du tust, und es mit Leidenschaft verfolgen. Diese Leidenschaft wird auf deine Kunden überspringen. Wenn du für etwas brennst, spürt das jeder um dich herum, und – das ist die wahre Magie des Verkaufs.

Dies alles zu wissen, ist gut, aber ohne Praxis ist es wertlos. Verkaufen lernt man nicht allein aus Büchern, man lernt, indem man verkauft. Je mehr Gespräche du führst, je mehr Menschen du überzeugst, desto besser wirst du. Jeder Verkauf, den du machst, ist eine Lektion für das nächste Gespräch. Sei dir auch nicht zu schade, nach Feedback zu fragen. Nach jedem Verkaufsgespräch darfst du dich fragen, was gut gelaufen ist und was du besser machen könntest. Beobachte andere Verkäufer und schau, was bei ihnen funktioniert. Lerne aus ihren Erfolgen und Fehlern. Diese Selbstreflexion ist es, die dich auf Dauer zu einem echten Verkaufsprofi macht.

Die Psychologie des Verkaufs

Verkaufspsychologie ist die Basis und das Fundament eines jeden erfolgreichen Verkaufsprozesses. Sie ist die Kunst, nicht nur die Bedürfnisse deiner Kunden zu erkennen, sondern auch die tieferen

Beweggründe zu verstehen, die ihr Verhalten steuern. Es geht darum, zu erfassen, wie Menschen denken, wie sie Entscheidungen treffen und wie du diese Prozesse beeinflussen kannst, ohne dabei manipulierend zu wirken. Es geht darum, echten Mehrwert zu bieten.

Jede Kaufentscheidung basiert auf Emotionen, auch wenn wir uns einreden, rational zu handeln. Menschen kaufen nicht nur Produkte oder Dienstleistungen, sie kaufen Gefühle, Erlebnisse und Lösungen für ihre Probleme. Ein neues Auto? Es ist nicht nur ein Fortbewegungsmittel, sondern ein Symbol für Freiheit, Status und Sicherheit. Ein teurer Anzug? Er verkörpert Selbstbewusstsein, Status und Erfolg. In der Verkaufspsychologie lernst du, diese tieferen Motivationen zu erkennen und darauf einzugehen. Das geht jedoch nur, wenn du dich tatsächlich intensiv mit der Psychologie der Menschen auseinandersetzt. Seminare, Bücher und echte Gespräche – alles hilft dir dabei, diese tiefere Ebene des Verkaufens zu verstehen.

Jeder Kunde ist ein einzigartiger Mensch

Es ist verlockend, Kunden im Verkaufsprozess nur als eine anonyme Zahl oder einen weiteren Auftrag zu betrachten. Das ist in meinen Augen einer der größten Fehler, die ein Verkäufer machen kann. Jeder Kunde ist ein einzigartiger Mensch mit individuellen Wünschen, Ängsten und Bedürfnissen. Verkaufspsychologie anzuwenden bedeutet, über das Sichtbare hinauszublicken und den Menschen hinter seiner Fassade zu erkennen, um zu verstehen, was ihm wirklich wichtig ist. Vielleicht sucht er nach Bestätigung für eine Entscheidung, die er schon fast getroffen hat, und braucht nur noch einen letzten Stupser. Vielleicht geht es ihm gar nicht nur um den günstigsten Preis, sondern darum, ob er dir vertrauen kann, dass du tatsächlich eine Lösung für ihn hast, die sein Leben verbessert. Wenn du in deinem Gesprächspartner immer den Menschen und nicht nur den Kunden siehst, dann hast du den ersten großen Schritt in der Verkaufspsychologie gemeistert.

Emotionen lenken Entscheidungen

Emotionen sind der Motor jeder Entscheidung. Ob Angst vor Verlust, das Streben nach Anerkennung oder der Wunsch nach Sicherheit – diese Gefühle treiben uns Menschen an. In der Verkaufspsychologie geht es darum, diese Emotionen zu erkennen und Wege zu finden, sie gezielt anzusprechen. Wenn du verstehst, was den Kunden bewegt, kannst du dein Angebot so präsentieren, dass es genau diese Emotionen anspricht. Du gibst dem Kunden das Gefühl, dass du seine Sorgen verstehst und die Lösung für seine Probleme hast.

Das Prinzip der sozialen Bewährtheit

Menschen orientieren sich gerne an dem, was andere tun. Wenn wir sehen, dass viele Menschen ein bestimmtes Produkt kaufen oder eine Dienstleistung in Anspruch nehmen, sind wir eher geneigt, dem zu vertrauen und uns auch dafür zu entscheiden. Das nennt man im Verkaufen das »Prinzip der sozialen Bewährtheit«.[12] In der Verkaufspsychologie nutzt du dieses Prinzip, indem du Referenzen und Fallstudien präsentierst. Zeig deinem potenziellen Kunden, dass andere Menschen, am besten solche, die ihm ähnlich sind, bereits von deinem Angebot profitieren. So vermittelst du die Sicherheit, dass sie oder er eine gute Entscheidung trifft.

---

12 Das Prinzip der sozialen Bewährtheit wurde von Robert B. Cialdini in seinem Werk »Influence: Science and Practice« beschrieben. Es erklärt, warum Menschen sich am Verhalten anderer orientieren, insbesondere in unsicheren Situationen.

Den Anker-Effekt verstehen und gezielt einsetzen

Ein starker psychologischer Hebel ist der Anker-Effekt.[13] Menschen neigen dazu, sich an den ersten Informationen zu orientieren, die sie bekommen. Wenn du beispielsweise einen Preis für dein Produkt zu Beginn des Verkaufsgesprächs nennst, wird dieser zum Maßstab für alles Weitere. Er ist ein Anker, der sich im Kopf deines Gegenübers festsetzt. Stellst du später ein etwas teureres Angebot vor, wirkt dieses im Vergleich sehr viel teurer, während ein günstigeres Angebot attraktiver erscheint. Der Anker-Effekt zeigt, wie wichtig es ist, die Reihenfolge und die Art der Informationen, die du präsentierst, sorgfältig zu planen.

Knappheit und Dringlichkeit sind mächtige Verkaufswerkzeuge

Ein weiterer mächtiger Aspekt der Verkaufspsychologie ist das Prinzip der Knappheit. Wenn Menschen das Gefühl haben, dass etwas begrenzt oder nur für kurze Zeit verfügbar ist, steigt ihr Wunsch, es haben zu wollen. Du kennst das aus dem Alltag: Der Hinweis »Nur noch wenige Exemplare verfügbar« oder ein »Das Angebot endet bald« oder – aus meinem unternehmerischen Bereich – »Nur noch wenige Grundstücke vorhanden« erzeugt einen starken Kaufanreiz. In der Verkaufspsychologie lernst du, wie du solche Taktiken authentisch und effektiv einsetzt, ohne dass es wie ein billiger Trick oder marktschreierisch wirkt.

---

13 Der Begriff »Ankereffekt« wurde von Daniel Kahneman und Amos Tversky eingeführt und beschreibt die Tendenz, dass Menschen bei Entscheidungen von zuvor erhaltenen Informationen beeinflusst werden, selbst wenn diese irrelevant sind.

Das Prinzip von Reziprozität, dem Geben und Nehmen

Das Prinzip der Reziprozität ist tief in unserer Kultur verankert.[14] Wenn uns jemand etwas Gutes tut, fühlen wir uns verpflichtet, etwas Gutes zurückzugeben. In der Verkaufspsychologie nutzt du dieses Prinzip, indem du dem Kunden zuerst einen Mehrwert bietest, sei es in Form von wertvollen Informationen, kostenlosen Proben oder einem kleinen Gefallen. Dieser kleine Vertrauensvorschuss baut eine Beziehung auf, die der Kunde oft mit einem Kauf erwidert.

Die Macht der Suggestion gezielt einsetzen

Nicht zu vergessen: Versuche, die Kraft der Suggestion im Verkaufsgespräch gezielt einzusetzen. Dies kann das entscheidende Werkzeug sein, um dein Gegenüber zur Kaufentscheidung zu führen. Es geht darum, dem potenziellen Kunden bestimmte Gedanken und Bilder in den Kopf zu setzen, die seine Entscheidung positiv beeinflussen. Anstatt direkt zu sagen, dass dein Produkt das beste sei, kannst du Fragen stellen oder bildlich Szenarien aufzeigen, damit er selbst zu dieser Schlussfolgerung kommt. Das fühlt sich für den Kunden natürlicher an. Eigene Erkenntnisse zu haben, gibt ihm Sicherheit und stärkt seine Überzeugung, die richtige Wahl zu treffen.

Verkaufspsychologie ist weit mehr als ein Haufen manipulativer Tricks. Es ist das tiefgehende Wissen und Verständnis davon, wie Menschen denken und fühlen, und wie du diese Einsichten nutzen kannst, um authentische Verbindungen zu schaffen. Am Ende des Tages geht es nicht darum, jemanden zu einem Kauf zu überreden, sondern darum, ihm zu helfen, die beste Entscheidung für sich selbst

14 Das Prinzip der Reziprozität wurde von Robert B. Cialdini in seinem Werk »Influence: The Psychology of Persuasion« beschrieben. Es erläutert, dass Menschen dazu tendieren, erhaltene Gefälligkeiten zu erwidern, was im Verkauf durch das Anbieten von Mehrwert genutzt werden kann.

zu treffen. Natürlich darf das dann auch für dich erfolgreich sein. Seminare sind eine hervorragende Möglichkeit, Verkaufspsychologie zu erlernen. Auch ich habe ein Wochenendseminar besucht, das sich intensiv mit Verkaufstechniken beschäftigte, weil ich erkannt habe, wie entscheidend dieses Wissen für den Erfolg in meinem Business ist. Solche Seminare bieten nicht nur theoretisches Wissen, sondern auch die Gelegenheit, die erlernten Werkzeuge direkt in der Praxis anzuwenden.

Gerade in meinem geschäftlichen Bereich, der Projektentwicklung, ist es von unschätzbarem Wert, die Mechanismen des Verkaufs zu verstehen. Durch mein Wissen in Verkaufspsychologie erkenne ich sofort, wenn mir jemand etwas verkaufen will. Dieses Verständnis kann ich gezielt nutzen, um bessere Verhandlungen zu führen. Es ist faszinierend zu erkennen, wie leicht ich die Menschen auf der gegenüberliegenden Seite des Verhandlungstisches durchschauen kann. Du merkst rasch, ob jemand ein wirklich guter Verkäufer ist, ob eine angebliche Verknappung real ist oder nur ein Teil der Verkaufsstrategie. Wenn du dich tiefer mit Verkaufspsychologie beschäftigen möchtest, kann ich die Seminare von Marc Galal wärmstens empfehlen. Er hat mir persönlich enorm geholfen, meine Fähigkeiten auf das nächste Level zu heben. Die zugehörigen QR-Codes findest du hier:

https://www.galecki-powerkids.de/ressourcenliste/buecher#psychologie

Eine Investition, die sich für jeden lohnt, der in seinem Beruf als Vertriebler erfolgreicher sein möchte.

Bedeutung des Pareto-Prinzips im Verkauf

Verkaufen hat viele Aspekte. Ein wichtiger ist das Pareto-Prinzip, auch bekannt als die 80-zu-20-Regel. Ein universelles Gesetz, das besagt, dass achtzig Prozent der Ergebnisse, die du erzielst, aus zwanzig Prozent der Aktivitäten, die du dafür tust, resultieren. Dieser Grundsatz ist nach dem italienischen Ökonomen Vilfredo Pareto benannt, der von 1848 bis 1923 lebte.[15] Er beobachtete, dass in Italien achtzig Prozent des Landes von zwanzig Prozent der Bevölkerung besessen wurden. Er untersuchte seine These und fand heraus, dass dieses Prinzip auf viele Bereiche des Lebens und des Business anwendbar ist.

Auch auf den Verkauf. Im Verkauf bedeutet das Pareto-Prinzip, dass achtzig Prozent deines Umsatzes von zwanzig Prozent deiner Kunden oder Produkte kommen. Das bedeutet, dass ein kleiner Teil deiner Kunden den größten Teil deines Geschäftserfolges ausmacht. Wenn du das verstehst und anwendest, kannst du deine Energie und Ressourcen gezielt auf diese zwanzig Prozent konzentrieren, um maximale Effizienz zu erreichen. Es geht darum, diese zwanzig Prozent zu identifizieren und sicherzustellen, dass diese Kunden perfekt betreut und zufriedengestellt werden. Im Verkauf kannst du das Pareto-Prinzip auf verschiedene Weise anwenden:

1. Analysiere zuerst, welche Kunden dir den größten Umsatz bringen, und konzentriere dich auf sie.

2. Investiere mehr Zeit und Ressourcen in diese Beziehungen, denn sie sind es, die dein Geschäft am Laufen halten.

15 Das Pareto-Prinzip, benannt nach Vilfredo Pareto, besagt, dass etwa 80 Prozent der Ergebnisse durch 20 Prozent der Ursachen erzielt werden. Pareto stellte dieses Prinzip erstmals 1896 in seinem Werk »Cours d›économie politique« vor.

3. Wenn du feststellst, dass nur ein kleiner Teil deines Produktportfolios den Großteil deiner Verkäufe ausmacht, fokussiere deine Verkaufsanstrengungen auf diese Produkte.

4. Du kannst vielleicht sogar weniger profitable Produkte aus dem Sortiment nehmen oder deren Marketing reduzieren, um deine Ressourcen besser zu nutzen.

5. Auch bei deinen Vertriebsaktivitäten solltest du überlegen, welche zwanzig Prozent deiner Anstrengungen achtzig Prozent des Erfolges bringen. Vielleicht sind es bestimmte Verkaufstechniken oder Marketingkanäle, die besonders effektiv sind. Diese gilt es zu verstärken und ineffiziente Maßnahmen zurückzufahren.

Das Pareto-Prinzip ist aber nicht nur auf den Verkauf anwendbar. Es ist ein universelles Werkzeug, das dir helfen kann, in vielen Bereichen deines Lebens effizienter zu arbeiten, wie beispielsweise in deinem Zeitmanagement. Zwanzig Prozent deiner Aufgaben führen zu achtzig Prozent der Ergebnisse. Fokussiere dich auf diese Aufgaben und delegiere oder reduziere die unwichtigen achtzig Prozent, die nur zwanzig Prozent des Erfolges ausmachen. In deiner persönlichen Entwicklung können zwanzig Prozent der Aktivitäten, wie Lesen oder Weiterbildung, achtzig Prozent der Fortschritte ausmachen. Konzentriere dich auf das, was dir am meisten bringt. Als Unternehmer wirst du feststellen, dass zwanzig Prozent deiner Mitarbeiter für achtzig Prozent der Ergebnisse verantwortlich sind. Diese Leistungsträger sind es wert, gefördert zu werden. Du kannst ihnen die Unterstützung geben, die sie brauchen, um sich weiterzuentwickeln.

Das Pareto-Prinzip zeigt dir vor allem, dass nicht alle Anstrengungen gleich zu bewerten sind. Es lehrt, Ressourcen und Zeit selektiver einzusetzen, nämlich dort, wo sie die größte Wirkung haben. In einer Welt, in der beides begrenzt ist, ist es entscheidend, den Hebel dort anzusetzen, wo das Maximum herauszuholen ist. Ich wende das Pareto-Prinzip in der Verteilung von Aufgaben gezielt an: Mein eigener Fokus ist, mich auf die Akquise großer Projekte zu konzentrieren, die unserem Unternehmen nachhaltigen Umsatz und langfristiges Wachstum sichern. Statt meine Zeit mit kleineren, delegierbaren Aufgaben zu vergeuden, übertrage ich diese gezielt an meine Mitarbeiter.

Formel zum verfeinerten Pareto-Prinzip

Was kaum jemand kennt: Das Pareto-Prinzip lässt sich noch weiter verfeinern. Ein spannendes Zahlenspiel, das mein Geheimtipp ist: Ein kleinerer Prozentsatz hat einen noch größeren Einfluss. Wenn du das Prinzip weiter herunterbrichst, kommst du von den bekannten 80/20 Prozent auf 64/4 Prozent und schließlich auf 51/1 Prozent. Lass mich das erklären: Wenn zwanzig Prozent deiner Aktivitäten achtzig Prozent deiner Ergebnisse liefern, machen nur vier Prozent deiner Anstrengungen schon 64 Prozent deiner Ergebnisse aus. Der wahre Kern deines Erfolgs liegt demnach in nur vier Prozent deiner Aktivitäten oder bei deinen Kunden, die den größten Einfluss auf deine Resultate haben.

Das lässt sich noch weiterführen: Wie komme ich nun von 80/20 auf 51/1? Das Prinzip 80/20 kannst du auf 51/1 herunterbrechen. Das heißt, dass ein Prozent deiner Aktivitäten oder Kunden 51 Prozent deines Erfolgs ausmachen können. Dieser winzige Prozentsatz deiner Anstrengungen bringt dir über die Hälfte deines Ergebnisses. Diese Erkenntnis ist revolutionär, denn sie zeigt dir, dass du durch das Identifizieren und Verstärken dieses einen Prozents einen unglaublichen Hebel in deinem Business ansetzen kannst.

Warum ist das wichtig? Das Verständnis und die Anwendung dieser feineren Abstufungen des Pareto-Prinzips geben dir die Chance, noch gezielter und effizienter zu arbeiten. Du erkennst, wo der Goldnugget in deinem Geschäft liegt, also welche eine Aktivität oder welcher Kunde dir den größten Erfolg bringt. Wenn du dich darauf konzentrierst, diesen winzigen Prozentsatz zu maximieren, kannst du exponentiell wachsen, ohne deinen Aufwand proportional zu erhöhen.

Mein persönlicher Goldnugget ist der gezielte Aufbau meiner Immobilienprojekte und die damit verbundene steuerliche Gestaltung. Ob es um die Gründung neuer Unternehmen geht oder die Planung zukünftiger Investitionen – genau hier liegt der Bereich, der für mich den größten Hebel bietet. Indem ich meine Zeit und Energie auf diese Aktivitäten konzentriere, kann ich nicht nur meine Vermögenswerte strategisch aufbauen, sondern gleichzeitig steuerliche Vorteile nutzen, die meine Gewinne langfristig steigern.

Doch all das wäre ohne die Aneignung von Wissen, die Bildung eines finanziellen Mindsets und eine konsequente Umsetzung nicht möglich gewesen. Ohne diese Grundlagen hätte ich die Chancen weder erkannt noch umsetzen können. Dieses Verständnis ermöglichte mir, aus einem kleinen Prozentsatz meiner Aktivitäten maximale Ergebnisse zu erzielen.

Mein persönliches ein Prozent, das 51 Prozent meines Erfolgs ausmacht

Ich verrate dir, was bei mir das eine Prozent ist, das 51 Prozent meines Erfolges ausmacht: Es ist mein gnadenloser Optimismus und meine innere Überzeugung. Wenn du fest daran glaubst, dass dein Plan funktioniert, und dich niemals von Zweifeln oder Rückschlägen unterkriegen lässt, wirst du – früher oder später – Erfolg haben. Dieser unerschütterliche Optimismus ist genau der Antrieb, der alles andere möglich macht. Ganz gleich, wie groß die Herausforderung ist, wenn du dir diesen Optimismus aneignest und bewahrst und nie, nie, niemals aufgibst, wirst du deine Ziele erreichen. Das ist mein persönlicher Schlüssel zu langfristigem Erfolg.

Das Pareto-Prinzip in seiner heruntergebrochenen Form fordert dich auf, die wenigen Dinge zu finden, die den größten Unterschied machen, und diese dann konsequent zu verfolgen. In der Praxis bedeutet das, immer wieder die eigenen Prioritäten zu überprüfen und sicherzustellen, dass du Energie und Ressourcen dort einsetzt, wo sie den größten Impact haben. Ich garantiere dir – und dabei spreche ich aus meiner Erfahrung –, durch die Anwendung dieser Prinzipien, von 80/20 bis hin zu 51/1, wirst du nicht nur im Verkauf, sondern in allen Bereichen deines Lebens und Geschäfts erfolgreicher und effizienter. Ja, dafür muss man Prioritäten setzen. Das bedeutet, bewusst zu entscheiden, welche Aufgaben oder Ziele im Leben Vorrang haben und welche nachrangig sind. Diese Fähigkeit ermöglicht es, Zeit und Energie gezielt auf das zu richten, was wirklich für die Erreichung der eigenen Ziele wichtig ist. Nur so lässt es sich effizient und zielgerichtet handeln. Ohne klare Prioritäten kann man sich leicht in einer Vielzahl von unwichtigen oder weniger wichtigen Aufgaben verlieren. Das bedeutet letztendlich Stress und Überforderung. Prioritäten helfen, den Fokus zu halten und die eigenen Ressourcen optimal einzusetzen.

Wie oft höre ich, dass Menschen sagen, sie hätten keine Zeit, um etwas Neues anzufangen oder bestehende Vorhaben weiterzuverfolgen. Doch wie oft sind diese Aussagen nichts anderes als Ausreden, die uns davon abhalten, wirklich ins Handeln zu kommen? Zeit ist eine der wenigen Ressourcen, die jedem Menschen in gleicher Menge zur Verfügung steht – 24 Stunden am Tag. Hinter der Ausrede, keine Zeit zu haben, verbergen sich häufig Ängste, Zweifel oder schlicht die Bequemlichkeit, den aktuellen Stand nicht verändern zu wollen. Es kann beängstigend sein, sich neuen Herausforderungen zu stellen oder etwas Ungewohntes zu tun. Doch diese Ängste lassen sich nur überwinden, wenn man sich bewusst entscheidet, ins TUN zu kommen. Anstatt die knappen Stunden im Alltag zu verstreuen, darf man sich auf die wirklich wertvollen Aktivitäten konzentrieren, die den größten positiven Einfluss haben. Wenn wir beispielsweise Zeit mit unseren Kindern nutzen, stärken wir nicht nur die Beziehung, sondern erzielen auch nachhaltig positive Effekte. Es geht nicht darum, mehr Zeit zu finden, sondern die vorhandene Zeit effizienter und bewusster einzusetzen.

Leichter gesagt als getan? Stimmt. Viele Menschen denken so. Ich weiß genau, wie es ist, wenig Zeit zu haben. Vor nicht allzu langer Zeit arbeitete ich im Dreischichtsystem. Neun Stunden täglich gingen für Anfahrt und Arbeit in der Fabrik drauf, in der ich, wie gesagt, als Fließbandarbeiter angestellt war. Wenn ich nach Hause kam, war ich erschöpft. Doch ich setzte mir Ziele. Es war nicht leicht, sie zu verfolgen, aber wie bereits in Kapitel 1 erwähnt, war es für mich ähnlich wie mit dem Riesenbambus: Es brauchte Zeit. Schritt für Schritt war das einzige, das funktionierte. Als ich dann begann, die ersten Immobilien in Eigenregie zu bauen, hatte ich keine Ahnung vom Bau und auch keine Personen, die mich dabei unterstützen konnten. Zeit hatte ich auch nicht. Darum reduzierte ich meine Arbeitszeit in der Fabrik von 37,5 auf 22,5 Stunden pro Woche. Erst mal für ein Jahr. Jede Stunde, die ich auf meinen Baustellen verbrachte, war mehr wert als der Stundensatz, den ich am Fließband bekam. Darum war es mir wichtig, auch dort zu arbeiten. Wenn es etwas zu tun gab, war ich zuerst ein paar Stunden auf der Baustelle und fuhr danach direkt zur Schicht.

Zugegeben, es war ein hartes Jahr, doch ich lernte alles von A bis Z, was ich wissen musste: vom Bau von Immobilien bis hin zu deren Vermietung. Hier sammelte ich die Erfahrungen für mein Business und begriff, was den Kern ausmachte. Ich lernte die verschiedenen Gewerke kennen und baute mein eigenes Netzwerk auf, um selbstständig Immobilien entwickeln zu können. Es war anstrengend, aber großartig, und die Arbeit an meinem Unternehmen machte mir meistens viel Spaß. Bis auf die Finanzierungen – die waren in den Jahren 2023 und 2024 nicht lustig. Aber wenn die Zinsen 2025 weiter sinken, geht der Spaß erst richtig los. Mittlerweile bin ich mit meinem Business so etabliert, dass ich auf den Baustellen nicht mehr selbst mit anpacken muss. Diese Zeit jedoch möchte ich nicht missen, denn sie war sehr wertvoll, um alles rund um den Bau einer Immobilie zu lernen und zu verstehen.

Das wichtigste Werkzeug als Unternehmer: Verhandeln zu können

Verhandlungen begegnen uns in vielen Bereichen des Lebens: im Beruf, in Beziehungen, bei finanziellen Entscheidungen. Sie sind der Schlüssel, um Interessen zu wahren, Kompromisse zu finden und gemeinsam Lösungen zu entwickeln. Im Unternehmertum spielen Verhandlungen eine mächtige Rolle, denn sie bestimmen nachhaltig den Erfolg. Es geht dabei nicht nur um finanzielle Transaktionen, sondern auch um die Führung von Mitarbeitern, die Entwicklung von Geschäftsstrategien und die Zusammenarbeit mit Partnern. Jeder, der Ziele erreichen und seine Interessen durchsetzen möchte, muss verhandeln können. Ich habe es notgedrungen gelernt, als ich bei meinem ersten Bauprojekt aus Vorsicht nur eine relativ kleine Finanzierung aufgenommen hatte und dann kurz darauf, im Jahr 2021, plötzlich die Materialkosten explodierten. Mit meinem überschaubaren Kapital stand ich vor der Riesenherausforderung, zu jonglieren und ständig verhandeln zu müssen. Wenn der Preis von Handwerkern nicht passte, blieb mir nichts anderes übrig, als weiterzusuchen und kompromisslos sowie zielgerichtet zu verhandeln.

Die Fähigkeit, über Preise zu verhandeln, ist im Vertrieb elementar. Wenn ich das beim Einkauf von Waren mache, beginne ich mit der simplen Frage: »Wir können doch bestimmt am Preis noch was machen?« Diese Frage kostet nichts, doch sie kann dir bares Geld sparen. Ich stelle diese Frage nicht nur einmal, denn es gibt aus meiner Sicht keinen Grund, das erste Angebot einfach anzunehmen. Ein Blick zur Konkurrenz lohnt sich immer. Wenn der Verkäufer merkt, dass du gut informiert bist und auch die Preise der Mitbewerber im Blick hast, wird er eher bereit sein, dir entgegenzukommen. Dieses Verhandeln und das Streben nach besseren Konditionen haben mir schon erhebliche Summen Geld gespart.

Ich arbeite grundsätzlich nach dem »Gewinn-Gewinn-Prinzip«, auch als »Win-win-Prinzip« bekannt. Es ist eine Strategie in Verhandlungen, die darauf abzielt, Lösungen zu finden, von denen alle Beteiligten profitieren. Anders als in einem »Nullsummenspiel«, bei dem der Gewinn einer Partei automatisch den Verlust der anderen bedeutet, fördert dieses Prinzip die Suche nach gemeinsamen Vorteilen. Es basiert auf offener Kommunikation, bei der alle Parteien ihre Interessen und Ziele transparent darlegen. Dies ermöglicht es, schnell kreative Lösungen zu entwickeln, die den Nutzen für alle maximieren und langfristig stabile Beziehungen aufbauen.

Verhandlungen sind ein unverzichtbares Werkzeug für den Unternehmenserfolg. Ein internationaler Experte auf diesem Gebiet ist Prof. Dr. Jack Nasher.[16] Er ist nicht nur Verhandlungsexperte, sondern auch Autor mehrerer Bücher, die sich intensiv mit den Techniken und Strategien des Verhandelns befassen. Darüber hinaus leitet er Seminare, in denen er sein Wissen und seine Erfahrungen weitergibt und den Teilnehmern praktische Fertigkeiten vermittelt, um in Verhandlungen erfolgreich zu sein. Seine Seminare stehen bei mir als Nächstes auf der Liste. Denn seine Bücher waren schon sehr spannend.

Buchempfehlungen zum Thema Psychologie wie zum Beispiel von Prof. Dr. Jack Nasher findest du hier:

https://www.galecki-powerkids.de/ressourcenliste/buecher#psychologie

Nicht nur geschäftlich, auch privat sind Verhandlungen allgegenwärtig. Ob in der Familie, mit Freunden oder in einer Partnerschaft – überall müssen unterschiedliche Bedürfnisse und Wünsche in Einklang gebracht werden. Erfolgreiche Verhandlungen erfordern nicht nur Kommunikationsgeschick, sondern auch Empathie für den anderen und die Fähigkeit, die Perspektive des Gegenübers einzunehmen.

16 Weitere Informationen zu Prof. Dr. Jack Nasher und seinen Veröffentlichungen unter: https://www.jacknasher.com; besucht am 08.04.2025.

Kleider machen Leute, auch beim Verkaufen

Wie wir uns nach außen präsentieren, hat einen erheblichen Einfluss darauf, wie wir von anderen wahrgenommen werden. Die äußere Erscheinung gibt anderen Menschen einen Eindruck von dir, der nicht zu unterschätzen ist. Nicht umsonst sagt ein deutsches Sprichwort: »Kleider machen Leute.« Als ich mein Unternehmen gründete, habe ich mir das zu Herzen genommen und meinen Kleidungsstil überdacht und meinem Business angepasst. Wenn ich zu wichtigen Terminen fuhr, achtete ich immer darauf, mich angemessen anzuziehen. Es gehört sich einfach nicht, zu einem Verkaufstermin für eine Immobilie im lässigen Adidas-Trainingsanzug zu erscheinen, auch wenn ich es schon erlebt habe, dass jemand so aufgetaucht ist. Es ist vorgekommen, dass mich Bekannte, Freunde oder Mitglieder meiner Familie dafür belächelt oder gar ausgelacht haben. »Du ziehst dich an, als wärst du ein Millionär!« Ja und, dachte ich dann immer, das will ich ja auch werden. Auch wenn es nicht immer leicht ist, solche Aussagen darfst du einfach ignorieren. Sobald ich geschäftliche Dinge erledige, auch wichtige Telefonate, ziehe ich ein frisches Hemd und eine schicke Hose an. Selbst wenn mich mein Kunde am Telefon nicht sehen kann, fühle ich mich anders und bin selbstbewusster. Ich bin sicher, den Unterschied spürt man.

Geheimwaffe Charisma

Der Einfluss einer gepflegten äußeren Erscheinung und das Selbstbewusstsein, das mit der Wirkung unterstrichen wird, wirkt sich auf das Charisma aus. Was genau versteht man darunter? Charisma ist eine Mischung aus innerer Ausstrahlung und sichtbarer Präsentation. Dabei spielt die Bekleidung eine entscheidende Rolle. Wenn du dich angemessen und stilvoll kleidest, verstärkst du nicht nur den Eindruck von Professionalität, sondern du strahlst sie auch nach außen aus. Dein Gegenüber empfängt subtil positive Signale, die zeigen, dass du dich gut vorbereitet hast, die Situation ernst nimmst und Respekt vor deinem Gesprächspartner hast.

Mir ist aufgefallen, dass Menschen dazu neigen, anderen mehr Aufmerksamkeit zu schenken und sie als kompetenter wahrzunehmen, wenn diese gut gekleidet sind. Ein passendes Outfit wird also dein Charisma erheblich steigern, weil es die Aufmerksamkeit auf dich lenkt und deine Botschaft kraftvoller erscheinen lässt. Wenn du dich in deiner Kleidung wohlfühlst und sicher auftrittst, erhöht das deine Ausstrahlung und die Wirkung, die du auf andere hast.

Kommunikation, Wortwahl und Rhetorik spielen eine entscheidende Rolle für deine Ausstrahlung. Das Bild, das andere sich von dir machen, wird eben nicht nur davon geprägt, was du trägst, sondern auch, wie du sprichst und wie du dich ausdrückst. Ein vielfältiger Wortschatz und eine präzise Ausdrucksweise verleihen dir nicht nur Autorität, sondern lassen dich auch kompetent wirken. Wenn du in der Lage bist, deine Gedanken klar auszudrücken und komplexe Inhalte verständlich und ansprechend zu vermitteln, gewinnst du schneller das Vertrauen deines Gegenübers. Eine gewählte Rhetorik, also die Kunst der wirkungsvollen Rede, unterstützt dies zusätzlich, weil du in der Lage bist, deine Argumente strukturiert und überzeugend darzulegen, Einwände geschickt zu entkräften und Emotionen anzusprechen.[17] Politiker wenden das gekonnt an. Eine klare, selbstbewusste, gut artikulierte Redeweise zieht Menschen in den Bann und stärkt deine Ausstrahlung.

Kombiniert man also eine gepflegte äußere Erscheinung mit einem präzisen Vokabular und einer überzeugenden Rhetorik, entsteht ein kraftvolles Charisma, das nicht nur die Aufmerksamkeit auf sich zieht, sondern auch einen nachhaltigen Eindruck hinterlässt. Ich persönlich passe meine Redeweise gerne – bis zu einem gewissen Punkt – an die Person an, mit der ich ein Gespräch führe. Das hilft mir, die Verbindung aufzubauen und mein Gegenüber dort

---

17 Zur Wirkung von Rhetorik im Alltag vgl. Storch, M. und F. Krause (2005). Die Psychologie der Überzeugung: Wie Sie Menschen beeinflussen, ohne sie zu manipulieren, Hogrefe Verlag, Göttingen.

abzuholen, wo sie oder er steht. Indem ich die Sprache und den Kommunikationsstil meines Gesprächspartners aufgreife, schaffe ich eine gemeinsame Basis, die das Vertrauen stärkt und ein Gespräch auf Augenhöhe ermöglicht. Dabei achte ich jedoch darauf, meine eigene Authentizität zu bewahren und nicht künstlich zu wirken. Diese feine Balance zwischen Anpassung und Selbsttreue ist der Schlüssel, ein Gespräch sympathisch, effektiv und erfolgreich zu gestalten.

Zugegeben, die Theorie ist leichter zu verstehen, als sie in die Praxis umzusetzen ist. Nur Übung macht den Meister, wenn es darum geht, die Prinzipien und Methoden, die man lernt, in das tägliche Leben zu integrieren. Manche sind einfach umzusetzen. Manche Erkenntnisse sind wie Schlüsselmomente, die ohne großen Widerstand in den Alltag einfließen und sofort Wirkung zeigen. Andere hingegen nicht. Sie erfordern Geduld, Beharrlichkeit – und kontinuierliche Übung, um zu einer festen Gewohnheit zu werden. Das kann herausfordernd sein, insbesondere wenn die Ergebnisse nicht sofort sichtbar sind. Die lohnendsten Veränderungen geschehen meistens langsam, fast unmerklich, bis sie sich allmählich im eigenen Wesen verankern. Selbst wenn dieser Weg Jahre dauern mag, lohnt sich die Mühe für die Veränderung. Glaube mir.

Für mich hat Unternehmertum nie den schnellen Erfolg bedeutet. Mir war klar, dass ich viel Geduld aufbringen und mich auf einen langfristigen Weg einlassen musste. Die Integration dieser Prinzipien in mein Leben war kein Sprint, sondern ein Marathon, und jeder Schritt auf diesem Weg war ein Schritt in Richtung persönlicher Reife und Weisheit. Diese Schritte haben mich dorthin gebracht, wo ich heute stehe. Dafür bin ich dankbar und darauf bin ich stolz.

Kapitel 5
Du bist, was dich umgibt

Abbildung 4: Du bist, was dich umgibt

Eine der tiefgreifendsten Lektionen meines Lebens war die Erkenntnis, wie mächtig das Umfeld ist, in dem wir uns bewegen. Es ist weit mehr als nur der Ort, an dem wir uns aufhalten – es prägt unsere Gedanken, lenkt unsere Entscheidungen und formt letztlich unser gesamtes Leben. Oft geschieht das unbemerkt, denn das Umfeld wirkt nicht nur bewusst, sondern vor allem unterschwellig auf uns ein. Die Menschen, mit denen wir unsere Zeit verbringen, die Orte, an denen wir uns aufhalten, und die gesellschaftlichen Einflüsse, die wir zulassen, sind keine bloßen Begleiterscheinungen des Alltags. Sie bestimmen, wer wir sind und wer wir werden können – manchmal, ohne dass wir es merken. Erst wenn wir uns dieser Einflüsse bewusst werden, haben wir die Chance, sie gezielt zu gestalten und unser Leben in die Richtung zu lenken, die wir gehen wollen. Diese Erkenntnis habe ich am eigenen Leib erfahren: Ich musste erleben, wie mich mein Umfeld und die Menschen darin zurückhielten, als ich begann, meine Ziele zu verfolgen. Diese Lektion hat mir gezeigt, wie wichtig es ist, mein Umfeld bewusst zu gestalten, um meine Träume zu verwirklichen und das Leben aufzubauen, das ich mir wirklich wünsche.

Für mich ist der Satz »Du bist, was dich umgibt« ein unumstößliches Gesetz, das man verstehen muss. Es ist eine grundlegende Wahrheit, an die man sich unbedingt halten MUSS, denn sie ist ein Teil des Fundaments für persönlichen und beruflichen Erfolg. Wer die Macht des eigenen Umfelds erkennt und sich ein förderndes sucht, wird seine Ziele leichter erreichen. Das ist keine bloße Theorie, sondern eine in der Praxis erfahrene Wahrheit, die, wenn sie befolgt wird, tiefgreifende Veränderungen bewirkt.

Leider ignorieren viele Menschen diese Wahrheit – und genau das bremst sie in ihrer persönlichen Entwicklung aus. Wer sich in einer Umgebung aufhält, die seine Potenziale nicht fördert, sondern vielmehr unterdrückt, blockiert unbewusst die eigenen Fortschritte. Ich kenne Personen, die ein positives Mindset, den Willen und die Bereitschaft haben, mehr zu erreichen, aber von ihrem direkten Umfeld aufgehalten werden. Es ist traurig zu sehen, wie sie trotz ihrer Fähigkeiten und Träume in einer Art Stillstand verharren, weil sie die Macht dieser Beeinflussung unterschätzen oder nicht wahrnehmen. Dieses Gesetz zu ignorieren bedeutet, sich selbst der Möglichkeiten zu berauben, innerlich zu wachsen.

Deine Umgebung prägt dich in einer Weise, die du erst dann erkennst, wenn du die Auswirkungen hautnah erlebst. Sie beeinflusst deine Gedanken, deine Einstellungen und letztlich deine Entscheidungen in die eine oder andere Richtung. Sie kann dich bremsen oder fördern. Wenn du dich nämlich in einem positiven, unterstützenden

Umfeld bewegst, bist du inspiriert und motiviert, deine Ziele zu verfolgen und dein Potenzial voll auszuschöpfen. Ein solches Umfeld wird dir helfen, Hindernisse zu überwinden, neue Perspektiven zu eröffnen und deine Fähigkeiten weiterzuentwickeln.

Umgekehrt wird ein negatives Umfeld deine Energie rauben, deine Ambitionen untergraben und dich davon abhalten, deine Träume zu verwirklichen. Menschen, die dich nicht unterstützen oder deine Vision nicht teilen, werden Zweifel säen und dich von deinem Weg abbringen. Wenn du dich mit Menschen umgibst, die sich mit Mittelmäßigkeit zufriedengeben, läufst du selbst Gefahr, deine Träume, Ziele und Ansprüche zu reduzieren.

Mit manchen Menschen kann man nur zurechtkommen, wenn man sich selbst nicht weiterentwickelt. Aber wenn du dich veränderst und stärker wirst, bedroht das die Bequemlichkeit dieser Menschen. Sie empfinden es, als würdest du ihnen einen Spiegel vorhalten und fragen: »Und was tust du?« Sie wollen sich aber nicht anstrengen, sie wollen bequem bleiben. Und dabei störst du sie. Darum sind sie gerade nicht so glücklich mit dir. Habe keine Angst davor, Menschen zu verlieren. Aber hab Angst davor, dich selbst zu verlieren, indem du versuchst, allen um dich herum zu gefallen.

Deshalb ist es so wichtig, deine Umgebung mit Bedacht zu wählen. Dein Umfeld sollte deine Ziele und Werte widerspiegeln und dir den Raum geben, zu wachsen. Es sollte dich ermutigen, Herausforderungen anzunehmen, und dich inspirieren, die beste Version deiner selbst zu werden. Letztlich wird die Qualität deiner Umgebung den Unterschied zwischen Erfolg und Misserfolg ausmachen. Das zeigt sich auch in der Qualität der Gespräche. Gespräche, die sich um Nörgeleien, das Lästern über andere oder darum drehen, was diesem und jenem passiert ist, sind keine positiven oder wertvollen Gespräche, die dich wirklich weiterbringen.

Am Anfang meines Weges waren es Personen in meinem Umfeld, einschließlich meiner eigenen Familie, die unbewusst meinen Erfolg untergraben hätten, wenn ich es zugelassen hätte. Ich stand vor der schwierigen Entscheidung, mich für Wachstum zu entscheiden – auch wenn das bedeutete, den Kontakt zu ihnen vorübergehend zu reduzieren, um mich auf das Erreichen meiner Ziele zu konzentrieren. Es war eine schmerzhafte Entscheidung, denn es handelte sich um Menschen, die ich liebe und die ich keinesfalls einfach aus meinem Leben streichen wollte. Bücher halfen mir in dieser Zeit, diesen Konflikt zu verstehen und zu akzeptieren. Ich erkannte, dass es keine Böswilligkeit war, die sie so handeln ließ, sondern ihre eigenen Grenzen. In ihrem Inneren wollten sie mich vor großen Enttäuschungen bewahren, ohne zu ahnen, dass genau diese Vorsicht meine Entwicklung hemmen könnte. Ich weiß aus eigener Erfahrung, wie schmerzhaft es ist, sich von geliebten Menschen distanzieren zu müssen, doch es ist möglich, diese Hürden zu überwinden – auch wenn es enorme Kraft erfordert.

Wie oft musste ich mir anhören, dass das, was ich tat, nichts weiter als »Gehirnwäsche« sei – natürlich im negativen Sinne gemeint. *Bleib stark und entscheide dich, zu wachsen.* Dieses Prinzip gilt nicht nur für die Familie, sondern auch für Beziehungen, Freunde und Geschäftspartner. Wenn diese dich zurückhalten, sich weigern zu lernen und mitzuwachsen, dann solltest du auch dort die Konsequenzen ziehen und dich von ihnen trennen. Wachstum erfordert manchmal solche schmerzhaften Entscheidungen, doch sie sind notwendig, um dein volles Potenzial zu entfalten.

Ein weiterer entscheidender Punkt ist die Wahl des eigenen Partners oder der Partnerin. Niemand hat mehr Einfluss auf dein Leben als die Person, mit der du den größten Teil deiner Zeit verbringst. Dein Partner oder deine Partnerin kann die größte Stütze in deinem Leben sein – jemand, der dich ermutigt, inspiriert und unterstützt, deine Ziele zu erreichen. Doch ebenso kann diese Person, bewusst oder unbewusst, zu einem Hindernis werden, das dein Wachstum hemmt. Wenn dein Partner oder deine Partnerin nicht an deine Visionen glaubt oder nicht bereit ist, mit dir zu wachsen, stellt das eine erhebliche Belastung dar und kostet dich viel Energie. Die Nähe, die ihr teilt, bedeutet, dass die Ansichten dieser Person und ihre Unterstützung – oder deren Fehlen – einen direkten Einfluss auf deine Entwicklung und das Erreichen deiner Ziele hat.

Es ist daher unerlässlich, bewusst darauf zu achten, dass eure Beziehung auf gegenseitigem Wachstum und Unterstützung basiert. Ein idealer Partner ist nicht nur ein Begleiter, sondern ein Mitstreiter, der deine Ziele teilt und dich in den Momenten stützt, in denen du es am meisten brauchst. Ein solches Fundament in einer Partnerschaft ist einer der Schlüssel zu einem erfüllten Leben, während eine falsche Person an deiner Seite die größte Hürde darstellen kann. Die Wahl deines Partners oder deiner Partnerin ist also für deinen persönlichen und beruflichen Erfolg von enormer Bedeutung. Es ist wichtig, offen miteinander zu kommunizieren und sicherzustellen, dass ihr beide bereit seid, gemeinsam zu wachsen und die Herausforderungen des Lebens zusammen anzugehen.

Mir war es von Anfang an sehr wichtig, dass meine »bessere« Hälfte – meine Partnerin – die gleiche Chance hat, zu wachsen wie ich. Wir haben begonnen, stundenlang über die Themen zu sprechen, die wir in unseren Büchern lasen. Diese Gespräche waren für mich unglaublich wertvoll, denn es ist mir sehr wichtig, dass wir unsere Ziele gemeinsam erreichen, ohne dass eine Abhängigkeit auf einer Seite entsteht. Ich habe von Anfang an klar kommuniziert, dass ich keine Art von Abhängigkeit in unserer Beziehung möchte. Stattdessen unterstütze ich sie so gut wie möglich, auch wenn es bedeutet, Zeit und Energie zu investieren. Für jemanden, den man liebt, der eine Stütze im Leben ist, tut man das gerne. Auf das Thema Kommunikation, das in jeder Beziehung eine zentrale Rolle spielt, werde ich im weiteren Verlauf des Kapitels zurückkommen.

Was ist mit Freunden?

Für die meisten von uns sind Freunde ein wichtiger Bestandteil unseres Lebens. Meine Freunde von früher haben mich nie runtergezogen. Ich mag sie noch immer. Wenn ich zurückblicke, erinnere ich mich an viele schöne gemeinsame Momente. Dennoch unternehmen wir nicht sehr viel zusammen, denn die Aussage »Du bist, was dich umgibt« bezieht sich nicht nur darauf, ob jemand dich runterzieht und am Wachsen hindert, sondern auch auf die Denkweise, Handlungen und Aktivitäten, die dein Umfeld prägen. Es macht einen erheblichen Unterschied, ob du dich mit Menschen umgibst, die nicht nur mehr in ihrem Leben erreichen möchten, sondern auch aktiv danach handeln. Es hat seinen Grund, dass man sagt: »Wenn du dich mit fünf Millionären umgibst, wirst du der sechste sein.« Umgekehrt gilt das ebenso: »Wenn du dich mit fünf erfolglosen Menschen umgibst, wirst du der sechste sein.«[18]

Es gibt eine Weisheit, die besagt: »Zeig mir die fünf Menschen, die dich umgeben, und ich sage dir, wer du bist.« Diese einfache, aber tiefgründige Wahrheit unterstreicht die Bedeutung der Menschen, die dich umgeben. Diejenigen, mit denen wir die meiste Zeit verbringen, haben einen erheblichen Einfluss auf unsere Denkweise, unsere Entscheidungen und letztlich auf unser Leben. Diese fünf Menschen prägen deine Werte, deine Ziele und dein Verhalten mehr, als du denkst. Ihre Ansichten, ihre Ambitionen und ihre Einstellung zum Leben spiegeln sich in deinem Verhalten wider, oft ohne dass du es bemerkst. Wenn du dich mit positiven, erfolgreichen und zielstrebigen Menschen umgibst, wirst du selbst in diese Richtung wachsen. Sie inspirieren und motivieren dich, sind Gesprächspartner auf Augenhöhe, mit denen du über geschäftliche wie persönliche Herausforderungen sprechen kannst. Umgekehrt kann ein Umfeld, das von Negativität, Zweifel oder Stillstand geprägt ist, dich permanent zurückhalten.

Mir geht es nicht um eine Bewertung, und es bedeutet auch nicht, dass die Menschen in deinem Umfeld schlecht sind. Doch wenn du große Ziele hast, ist es hinderlich, dich mit Menschen zu umgeben, die eine andere Denkweise haben und deine Ziele weder teilen noch befürworten. Es geht darum, sich in einem Umfeld zu bewegen, das deine Ambitionen unterstützt und dich dazu inspiriert, deine Grenzen zu überwinden. Freunde, die eine andere Denkweise haben, können

18 Die Aussage, dass wir der Durchschnitt der fünf Menschen sind, mit denen wir die meiste Zeit verbringen, wird häufig Jim Rohn zugeschrieben. Vgl. https://de.wikipedia.org/wiki/Jim_Rohn; besucht am 08.04.2025.

wundervoll für gemeinsame Zeiten sein, aber sie sind nicht die idealen Wegbegleiter, wenn es darum geht, außergewöhnliche Ziele zu erreichen. In solchen Fällen ist es wichtig, Freundschaften zu pflegen, aber gleichzeitig darauf zu achten, dass du dich auch mit Menschen umgibst, die dieselben hohen Ansprüche an sich selbst haben wie du und die dich motivieren.

Das hat mir klar gemacht, warum reiche und erfolgreiche Menschen sich oft untereinander bewegen und warum Menschen, die weniger erreicht haben, ebenfalls unter sich bleiben. Es ist die natürliche Anziehungskraft, die Gleichgesinnte zueinander führt. Mir fiel das besonders an den Gesprächsthemen auf, die dominierten. Während ich über Projekte, Visionen und Träume sprach, kreisten ihre Gespräche oft um Dinge, die mich wenig interessierten.

Gleich und Gleich gesellt sich gern

Erfolgreiche Menschen sprechen lieber über Herausforderungen, die sie gemeistert haben, über neue Ziele, die sie verfolgen, und über Lösungen, die sie suchen oder bereits gefunden haben. Sie bevorzugen Gespräche, die sie weiterbringen, inspirieren und ihre Kreativität fördern. Menschen hingegen, die in ihrer Entwicklung stehen bleiben, neigen dazu, sich in ihren Problemen zu verlieren, zu nörgeln oder nach Ausreden zu suchen. Für mich liegt der entscheidende Unterschied genau in diesen Gesprächsinhalten.

Ich habe für mich erkannt, dass ich – wenn es um das Erreichen meiner Träume und Ziele geht – bereit bin, jedes Gesetz und jede Weisheit zu befolgen, die mich weiterbringt. Denn ich weiß, wie entscheidend mein Umfeld meinen Erfolg beeinflusst. Deshalb überlege ich genau, mit wem ich meine Zeit verbringe und welche Gespräche ich führe.

Wenn man sich dazu entscheidet, solche bewussten Schritte zu gehen, bedeutet das, dass man weniger Menschen um sich haben wird. Man wird selektiver darin, wen man in sein Umfeld lässt, und achtet bewusst darauf, welche neuen Personen Teil dieses Umfelds werden.

Diese Entscheidung mag einsam wirken, ist aber notwendig, wenn man wirklich wachsen und seine Ziele erreichen möchte.

Häufig wird dieses Phänomen mit dem Sinnbild des Adlers und der Ente illustriert. Der Adler erhebt sich in die Lüfte, erblickt die Welt aus einer erhabenen Perspektive und fliegt in Höhen, die nur wenige zu erreichen wagen. Dabei ist er oft allein unterwegs – ein Sinnbild für jene, die mutig ihren eigenen Weg gehen. Die Ente hingegen bleibt am Boden, quakt unaufhörlich und verharrt in ihrer begrenzten Welt. Wenn du ein Adler sein möchtest, musst du dich mit anderen Adlern umgeben – mit Menschen, die ebenfalls hoch hinauswollen und bereit sind, die notwendigen Schritte zu gehen, um ihre Ziele und Träume zu verwirklichen.

An dieser Stelle möchte ich einen weiteren Gedanken hinzufügen: Es ist erstaunlich einfach, zu erkennen, ob jemand ein Adler oder eine Ente ist. Konfrontiere die Person mit einem Problem und beobachte, wie sie darauf reagiert. Eine Ente wird sich im Jammern verlieren, klagen und auf die Hindernisse fokussieren, ohne eine Lösung anzustreben. Ein Adler hingegen zeichnet sich durch seine Lösungsorientiertheit aus. Er analysiert das Problem, wägt Handlungsmöglichkeiten ab und strebt zügig nach vorn – entschlossen und mit klarer Zielsetzung. Dieser Vergleich zeigt deutlich, dass es nicht um die Quantität der Beziehungen geht, sondern um die Qualität. Es ist besser, wenige, aber starke und inspirierende Verbindungen zu haben, als eine Menge solcher, die dich in deiner Entwicklung zurückhalten.

Zurück zum Thema Beziehungen und Kommunikation. Kommunikation ist zweifellos der Schlüssel zu einer erfolgreichen Partnerschaft, besonders wenn es darum geht, gemeinsam zu wachsen und sich gegenseitig zu unterstützen. Aber ganz ehrlich, wie oft verstehen Paare die gegenseitigen Bedürfnisse nicht? Wie viel Zeit verschwenden Menschen in Beziehungen mit Streit und Missverständnissen?

Wie oft raubt man sich den letzten Nerv, weil man nicht nachvollziehen kann, was der andere will? Wie oft verbringt man einen freien Tag oder freie Stunden mit Diskussionen und schlechter Laune, anstatt sie miteinander zu genießen? Warum passiert das? Weil wir nicht richtig kommunizieren. Kommunikation ist nicht nur das Reden an sich, sondern auch das Zuhören, das Verstehen und das Eingehen auf die Bedürfnisse des anderen. Nein, einfach ist das nicht, vor allem nicht zwischen Mann und Frau. Das kommt mir manchmal vor, wie eine andere Sprache.

Auch bei mir war und ist die Kommunikation ein zentrales Thema. Um besser zu verstehen, wie meine Partnerin und ich miteinander kommunizieren können, habe ich unzählige Bücher über Psychologie gelesen – alles in dem Versuch, die vermeintlich »nicht zu verstehende« Psychologie einer Frau zu begreifen. Es fühlte sich an wie das Eintauchen in ein ganz neues Universum. Doch ich wollte nicht nur meine Partnerin besser verstehen, sondern auch mich selbst.

Dabei stieß ich auf das Buch von John Gray »Männer sind anders, Frauen auch«.[19] Ja, ich war wahrscheinlich genauso überrascht wie damals Albert Einstein, als er die Relativitätstheorie entdeckte. Es fühlte sich an, als hätte ich endlich den richtigen Schlüssel gefunden. Ich arbeitete das Buch zweimal hintereinander durch und informierte meine Partnerin über diese Entdeckung, die sich ebenfalls mit dem Buch auseinandersetzte. Dieses gemeinsame Verständnis hat uns geholfen, unsere Kommunikation grundlegend zu verbessern. Hier sind fünf Beispiele aus dem Buch, die besonders erhellend waren:

Die »Höhle« des Mannes

Männer neigen dazu, sich in ihre »Höhle« zurückzuziehen, wenn sie mit Problemen oder Stress konfrontiert sind. Sie brauchen Zeit, um allein nachzudenken und eine Lösung zu finden. Frauen hingegen fühlen sich zurückgewiesen, wenn ihr Partner sich distanziert. Dieses Verständnis hilft, solche Situationen nicht mehr falsch zu interpretieren.

---

19 Gray, J. (1933). Männer sind anders, Frauen auch: Neue Wege zu mehr Liebe, Goldmann Verlag, München.

Frauen und ihre Wellen

John Gray beschreibt, dass Frauen emotionale Wellen durchlaufen, bei denen sie aufblühen oder in ein emotionales Tief fallen können – auch ohne erkennbaren Grund. Für Männer ist das verwirrend. Zu wissen, dass es normal ist, half mir, geduldiger zu sein und meine Partnerin in solchen Momenten liebevoll zu unterstützen, ohne eine Lösung anzubieten.

Kommunikation über Probleme

Frauen sprechen über ihre Probleme, um sich verstanden zu fühlen und emotionale Nähe zu erfahren. Männer hingegen neigen dazu, sofort Lösungen anzubieten, was meist nicht das ist, was die Frau in dem Moment braucht. Das zu wissen, hilft einem Mann, anders zu reagieren und die Gespräche zu verändern, weil er lernt, einfach zuzuhören und Verständnis zu zeigen, anstatt gleich in den »Problemlöser-Modus« zu wechseln.

Das Bedürfnis nach Anerkennung versus das Bedürfnis nach Verständnis

Männer suchen nach Anerkennung für ihre Taten und Errungenschaften. Wenn sie das Gefühl haben, nicht genug gewürdigt zu werden, führt das zu Frustration. Frauen hingegen legen Wert darauf, verstanden zu werden und ihre Gefühle ausdrücken zu können. Wer das weiß, kann Gespräche so führen, dass beide Partner das bekommen, was sie brauchen: der Mann die Anerkennung, die Frau das Verständnis.

Das »Punktesystem« der Frauen

Frauen neigen dazu, jede noch so kleine Aufmerksamkeit oder liebevolle Geste ihres Partners als »Punkt« wahrzunehmen. Es sind die alltäglichen Zeichen von Zuneigung, Unterstützung und Wertschätzung, die sich zu einem großen Ganzen summieren und einen tiefen Eindruck hinterlassen. Männer hingegen gehen eher davon aus, dass große Gesten oder außergewöhnliche Leistungen einen höheren Stellenwert haben. Sie sind dann erstaunt, wenn sie feststellen, dass gerade die kleinen Dinge für eine Frau den entscheidenden Unterschied ausmachen und einen höheren Stellenwert einnehmen.

Ein Beispiel:

Ein Mann könnte glauben, dass er allein durch seine harte Arbeit und die Tatsache, dass er das Einkommen nach Hause bringt, eine große Anzahl an »Punkten« sammelt oder dass diese Leistung von größerem Gewicht ist. Doch in den Augen seiner Frau ist das nicht der Fall. Die kontinuierlichen, scheinbar kleinen Gesten des Alltags – manchmal nur ein Lächeln, ein offenes Ohr, ein ehrliches Kompliment oder etwas Unterstützung im Haushalt – sind es, die dazu beitragen, eine tiefe Verbindung zu schaffen und das Gefühl von Partnerschaft zu stärken.

Das Buch von John Gray ist wie ein Dolmetscher für die Sprachen von Frau und Mann. Es macht deutlich, dass Männer und Frauen auf völlig unterschiedliche Weise kommunizieren und dass es lohnend ist, beide Sprachen zu erlernen. Zugegeben, für einen Mann ist das eine Herausforderung, die sich jedoch lohnt. Denn wenn wir – in diesem Fall meine ich die Männer – uns die Mühe machen, diese unterschiedlichen Ansätze zu verstehen, hilft es uns, die Frauen besser zu begreifen, Missverständnisse zu vermeiden und die Kommunikation auf ein völlig neues Level zu heben.

»Männer sind anders, Frauen auch« kann ein echter Beziehungsretter sein, wenn beide Partner bereit sind, die darin enthaltenen Lektionen zu lernen und anzuwenden. Doch wie beim Erlernen einer neuen Sprache reicht es nicht aus, das Buch ein- oder zweimal zu lesen. Es braucht kontinuierlich Übung und Anwendung im Alltag, um die Erkenntnisse wirklich zu verinnerlichen. Das wird mir immer wieder bewusst. Verständnis für die Partnerin oder den Partner und harmonische Kommunikation entstehen nicht über Nacht. Es ist ständiges Bemühen erforderlich, viel Geduld und der Wille, einander wirklich verstehen zu wollen.

Buchempfehlungen zum Thema Beziehung wie zum Beispiel von John Gray findest du hier:

https://www.galecki-powerkids.de/ressourcenliste/buecher#beziehung

Haben erfolgreiche Menschen einfach nur Glück gehabt?

Ein ganz anderes Thema, über das ich viel nachgedacht habe: Warum neigen so viele Menschen dazu, zu glauben, dass erfolgreiche Personen einfach nur Glück gehabt haben? Wie oft hört man: »Oh, wie gut du es hast! Bei dir ist alles so einfach.« Woher stammt das Denken, andere müssten wenig für Glück und Erfolg tun? Menschen mit positiver Lebenseinstellung und starkem Mindset klagen nicht öffentlich über ihre Schwierigkeiten, seien es familiäre Herausforderungen oder finanzielle Sorgen. Das bedeutet jedoch keineswegs, dass sie keine Probleme haben. Der entscheidende Unterschied liegt in ihrer Perspektive: Sie richten ihren Fokus bewusst auf die positiven Aspekte ihres Lebens und sprechen eher darüber, anstatt sich im Jammern zu verlieren. Diese Einstellung führt dazu, dass Außenstehende den Eindruck gewinnen können, das Leben dieser

Menschen sei frei von Sorgen und Widrigkeiten und einfach vom Glück gesegnet.

Doch das ist eine Illusion. Fast jeder Mensch hat seine Herausforderungen zu meistern, ob in Beziehungen, Familie oder in finanziellen Belangen. Der Unterschied liegt darin, ob man das Augenmerk auf das legt, was einen voranbringt, oder auf das, was einen zurückhält. Erfolgreiche Menschen wählen den positiven Weg und ziehen daraus Kraft. Ihr »Glück« ist also keine Frage des Zufalls, sondern das Resultat einer bewussten Entscheidung: den Fokus auf Möglichkeiten statt auf Begrenzungen zu lenken.

Woher kommt es, dass Menschen hinter dem Rücken anderer, meist erfolgreicher und reicher Personen, schlecht reden? Warum gibt es so viel Neid auf Menschen, die mehr besitzen? Mich hat das sehr beschäftigt und ich kam für mich zu dem Ergebnis: Neid ist wie ein Spiegel, der uns vorgehalten wird, wenn wir sehen, dass jemand anders das erreicht hat, was wir selbst begehren.[20] In diesem Spiegel erkennen wir nicht nur das, was der andere besitzt, sondern auch das, was uns selbst fehlt. Die Reflexion des eigenen Mangels oder unerfüllter Wünsche löst das Gefühl von Neid aus. Neid entsteht, wenn wir uns mit anderen vergleichen und dabei das Gefühl haben, dass sie mehr haben als wir, sei es Reichtum, Erfolg, Anerkennung. Dieser Vergleich führt dazu, dass wir uns unzufrieden oder minderwertig fühlen. Es schleicht sich ein Gefühl von Versagen ein. Wir haben das Gefühl, dass uns etwas Wichtiges entgeht. Neid entspringt also dem inneren Wunsch, auch das zu besitzen oder zu erleben, was der oder die anderen haben und wir nicht.

Die Tatsache, dass über erfolgreiche Personen oft hinter ihrem Rücken gesprochen wird, hat mehrere Ursachen. Zum einen neigen Menschen gern dazu, ihre eigenen Unsicherheiten und Minderwertigkeitsgefühle auf andere zu projizieren. Indem sie über die Erfolge

---

20 Zur Entstehung von Neid durch soziale Vergleiche vgl. Oertelt-Prigione, S. (2010). Soziale Vergleiche: Emotionen und Motivation im Alltag, Springer Verlag, Berlin 2010; oder noch bekannter: Vgl. Festinger, L. (1954). A Theory of Social Comparison Processes, Stanford University.

anderer negativ sprechen, versuchen sie, sich selbst besser zu fühlen und ihren eigenen Mangel zu rechtfertigen. Es ist eine Art Selbstschutzmechanismus, der dazu dient, die eigene Unzufriedenheit zu mildern.

Zum anderen kann es auch der Wunsch sein, die eigene Position in der sozialen Hierarchie zu schützen. Erfolgreiche Menschen stellen eine Bedrohung für den Status quo dar: Sie zeigen, dass mehr möglich ist, als man selbst bisher erreicht hat. Diese Bedrohung kann dazu führen, dass Menschen versuchen, die Erfolge anderer kleinzureden oder zu diskreditieren, um sich selbst als anerkennenswert darzustellen.

Auch ich habe erlebt, dass hinter meinem Rücken negativ über mich gesprochen wurde. Es wurde behauptet, ich hätte das, was ich erreicht habe, nur dem Glück zu verdanken. Ich habe begriffen, dass diese Menschen versuchen, sich selbst zu rechtfertigen, indem sie ihr eigenes Scheitern auf fehlendes Glück schieben. Eine ziemlich oberflächliche Sichtweise. Ich brauche nicht zu betonen, dass alles, was ich erreicht habe, das Resultat von Anstrengung, viel Disziplin, unermüdlichem Einsatz und einer klaren Vision ist.

Nun, da ich verstehe, woher Neid kommt, kann ich die Denkweise dieser Menschen nachvollziehen. Ich bin in der Lage, meinen Blickwinkel zu wechseln und die Dinge aus ihrer Perspektive zu betrachten. Sollen sie denken, was sie wollen. Meine Sichtweise auf Personen, die Erfolg haben, ist eine andere: Ich weiß, welche Anstrengungen es erfordert, erfolgreich zu sein, und deshalb gönne ich es jedem, der es schafft. Es ist verdient. Ich konzentriere mich auf meinen eigenen Weg und nutze den Erfolg anderer als Ansporn, meine Ziele zu erreichen und mir noch größere zu setzen.

Mein Eindruck ist, dass die Neidmentalität hier in Europa ausgeprägter ist. Warum ist sie in den USA so viel weniger verbreitet? Um das zu verstehen, habe ich mir die Geschichte Europas vor Augen geführt: Europa ist ein alter Kontinent, der über Jahrhunderte hinweg von Königen und Adeligen regiert wurde. Sie haben den größten Teil des Reichtums und der Ländereien unter sich aufgeteilt. Damals war es fast unmöglich, Reichtum zu erlangen, es sei denn, man wurde in diese privilegierten Kreise hineingeboren. Diese Neidmentalität auf die Reichen ist tief in unserer Gesellschaft verankert.

Die USA hingegen sind ein relativ junges Land - als Staatenbund gegründet im Jahr 1776. Er wurde von Menschen aufgebaut, die Europa verließen, um ein besseres Leben zu suchen. In Amerika werden erfolgreiche Menschen bewundert, wenn sie in einem Sportwagen vorbeifahren; hier in Europa ernten sie dagegen missgünstige Blicke oder spöttische Bemerkungen.

Eifersucht tötet den eigenen Ehrgeiz

Letztlich darf es uns egal sein, was andere über uns denken. Egal, ob wir etwas tun oder lassen – es wird immer jemanden geben, der es kritisiert oder darüber tratscht. Diese Erkenntnis hat mir sehr geholfen, mich davon zu lösen und mich nicht mehr dafür zu interessieren, was andere über mich sagen. Schließlich verbringen die meisten Menschen ohnehin den Großteil ihrer Zeit damit, über sich selbst nachzudenken. Warum sollte man solche Kritik also überhaupt an sich heranlassen, wenn die Kritiker zu 99 Prozent doch mit ihren eigenen Gedanken und Sorgen beschäftigt sind? Indem wir uns damit auseinandersetzen, machen wir uns unnötige Gedanken, die nichts bringen. Viel sinnvoller ist es, das negative Paket bei ihnen zu lassen – dort, wo es hingehört.

Ein weiterer Punkt, der oft mit erfolgreichen und wohlhabenden Personen in Verbindung gebracht wird, ist der Geiz. Viele glauben, dass Reiche geizig sind, weil sie trotz ihres großen Wohlstands weiterhin bestrebt sind, noch mehr zu verdienen. Doch diese Sichtweise verkennt die eigentliche Motivation hinter dem Handeln: Reiche Menschen verfolgen große Visionen und Ziele. Die treiben sie an, motivieren sie – und das führt sie letztlich auch zu ihrem finanziellen Erfolg. Das Geld allein ist selten die treibende Kraft. Zudem gibt es zahlreiche vermögende Menschen, die Gutes für andere tun und erhebliche Summen spenden, ohne ins Rampenlicht der Öffentlichkeit zu geraten.

Häufig wird angenommen, dass Millionäre und Milliardäre enorme Geldbeträge auf ihren Konten horten – ein weit verbreitetes Missverständnis. Ein Millionär hat nicht zwangsläufig Millionen in bar zur Verfügung, ebenso wenig wie ein Milliardär Milliarden. Ihr Vermögen ist in Immobilien, Firmenanteilen oder Aktien gebunden, wodurch sie nicht jederzeit direkten Zugang zu großen Geldmengen haben. Viele reiche Menschen wählen einen unkonventionellen Weg, um ihr Vermögen zu verteilen. Sie handeln nach dem Prinzip, den Menschen das Angeln beizubringen, anstatt ihnen den Fisch zu schenken. Sie unterstützen Bildung, indem sie beispielsweise Bibliotheken finanzieren, Bücher schreiben oder andere wohltätige Projekte fördern. Damit wollen sie Menschen langfristig helfen und ihnen ermöglichen, ihre eigenen Fähigkeiten zu entwickeln und unabhängig zu werden.

Auch ich stehe hinter dem Prinzip, bei anderen nicht bloß momentane Bedürfnisse zu befriedigen, sondern vielmehr Menschen zu zeigen, wie sie sich selbst ihre Bedürfnisse erfüllen können. Alles andere schafft nur Abhängigkeiten. Es geht darum, sie zu befähigen, ihre eigenen Fähigkeiten zu entwickeln und zu nutzen. Aus diesem Grund schreibe ich dieses Buch: Ich möchte mein Wissen weitergeben und die Leser ermutigen, ihr Leben selbst in die Hand zu nehmen und aktiv so zu gestalten, dass sie eigene Ziele und Träume realisieren.

Partnerschaften und Kontakte als Erfolgskonzept

Kommen wir zum letzten Punkt des Kapitels. Es geht darum, wie entscheidend Partnerschaften und Kontakte im Business für den langfristigen Erfolg sind. Manche Menschen wollen lieber alles allein erreichen und alles für sich behalten. Doch in der Realität führt dieser Ansatz zu einer isolierten und wenig effektiven Arbeitsweise. Stattdessen ist das Teilen von Ressourcen, Ideen und letztendlich auch den Erfolgen in einer Partnerschaft weitaus fruchtbarer. Es ist klüger, gemeinsam etwas zu schaffen und zu teilen, als allein alles zu riskieren und möglicherweise leer auszugehen oder gar nicht erst etwas Neues zu beginnen.

Der Vorteil von Partnerschaften liegt darin, dass man nicht nur Risiken auf mehrere Schultern verteilt, sondern auch voneinander lernt, gemeinsam wächst und durch unterschiedliche Perspektiven innovative Lösungen entwickelt. Gute Partnerschaften fördern Kreativität, Effizienz und schaffen Synergien, die allein kaum erreichbar wären. Langfristig entstehen dadurch nicht nur größere Erfolge, sondern auch ein stabiles Netzwerk, das in schwierigen Zeiten Unterstützung bietet und neue Chancen eröffnet.

In diesem Kapitel möchte ich ein Beispiel aus der Welt der bekannten Persönlichkeiten verwenden, um ein bestimmtes Prinzip zu verdeutlichen: Donald Trump. Unabhängig davon, wie man persönlich zu ihm steht oder welche Meinung man über ihn als Mensch hat, lässt sich nicht leugnen, dass er über spezifische Fähigkeiten und Strategien verfügt, die ihn in seiner Karriere bemerkenswert erfolgreich gemacht haben. Es geht mir hier also nicht um eine Beurteilung seines Charakters oder eine politische Stellungnahme, sondern um eine Analyse bestimmter Prinzipien, die er verkörpert. So sind seine Methoden zur Zielerreichung oder sein strategisches Denken interessante Anhaltspunkte für das Verständnis unternehmerischen Handelns.

Einen Einblick gewährt Donald Trump in seinem Buch »The Art of the Deal«. Er betont die Bedeutung von Partnerschaften als Schlüssel zu seinem geschäftlichen Erfolg. Er erklärt, wie strategische Allianzen entscheidend für die Realisierung und Optimierung seiner Projekte waren. Trump legt Wert auf die sorgfältige Auswahl von Partnern, die nicht nur über das notwendige Fachwissen und die Ressourcen verfügen, sondern auch ähnliche Ziele und Visionen teilen. Vertrauen spielt dabei eine zentrale Rolle, ebenso wie die Fähigkeit, fair zu verhandeln, um sicherzustellen, dass alle Parteien von der Zusammenarbeit profitieren.

Buchempfehlungen zum Thema Biografien wie zum Beispiel von Donald Trump findest du hier:

https://www.galecki-powerkids.de/ressourcenliste/buecher#biografien

Durch Partnerschaften konnte Trump auf wertvolle Ressourcen zugreifen und sein Geschäft schneller vorantreiben. Er hebt die Bedeutung langfristiger Beziehungen hervor, die zukünftige Chancen eröffnen, und betont die Notwendigkeit einer lösungsorientierten Zusammenarbeit, um Projekte erfolgreich abzuschließen. Dies bewies Trump eindrucksvoll beim Bau des Trump Towers und bei der Renovierung des Grand Hyatt Hotels in New York. Durch strategische Partnerschaften konnte er diese Projekte realisieren, die ohne solche Allianzen kaum umsetzbar gewesen wären.

Auch ich habe, um Immobilienprojekte zu realisieren, strategische Partnerschaften geschlossen, die ohne die Bündelung von Ressourcen nicht möglich gewesen wären. Diese Kooperationen haben es mir ermöglicht, größere und komplexere Projekte erfolgreich umzusetzen, indem wir unser Fachwissen, Kapital und andere wichtige Ressourcen effektiv zusammengeführt haben. Für mich ist es von zentraler Bedeutung, Partnerschaften auf einem Fundament aus Transparenz, Vertrauen und Ehrlichkeit aufzubauen. Diese Werte schaffen eine Verbindung, die nicht nur stabil, sondern auch tief und authentisch ist.

Ein weiterer entscheidender Punkt in diesem Zusammenhang sind Kontakte. Netzwerke und Beziehungen sind von unschätzbarem Wert, denn sie öffnen Türen, die einem allein verschlossen bleiben. Durch wertvolle Kontakte können nicht nur neue Geschäftsmöglichkeiten erschlossen, sondern auch Synergien geschaffen werden, die den Erfolg erheblich beschleunigen. Gute Kontakte sind der Schlüssel zu neuen Märkten, Ressourcen und Ideen – sie müssen jedoch gepflegt werden. Das gelingt am besten, indem man sich gegenseitig unterstützt. Eine starke Partnerschaft basiert auf kontinuierlichem Austausch und Hilfsbereitschaft.

Auch für mich ist dies von großer Bedeutung, weshalb ich regelmäßig solche Möglichkeiten nutze. Durch den Besuch von Veranstaltungen, Verbänden, Seminaren und anderen Netzwerkmöglichkeiten knüpfe ich kontinuierlich neue Kontakte. Diese Gelegenheiten bieten mir die Chance, mein Netzwerk zu erweitern und wertvolle Beziehungen aufzubauen, die sowohl beruflich als auch persönlich bereichernd sind.

Kapitel 6
Einer positiven Fehlerkultur Raum geben

Fehler. Ein Wort, das mit Angst, Scham und Unzulänglichkeit verbunden ist. Doch in Wahrheit sind Fehler unvermeidlich. Sie gehören zum Leben, zur Entwicklung und zum Erfolg dazu. Auch ich habe in der Vergangenheit Fehler gemacht. Manchmal aus Unwissenheit, manchmal aus falschen Annahmen. Einer meiner größten Fehler bei meinen ersten Immobilienprojekten war die Annahme, dass ich möglichst wenig Kapital aufnehmen sollte, um Schulden so gering wie möglich und überschaubar zu halten. Es schien mir damals der sicherste Weg zu sein, nur das absolute Minimum zur Finanzierung der Immobilienprojekte zu leihen.

Im Nachhinein habe ich mich geärgert, die günstigen Zinsen nicht genutzt zu haben. Ich hätte mehr Kapital von der Bank aufnehmen sollen. Mit zusätzlichem Kapital hätte ich in neue Projekte investieren können. Aber im Endeffekt war es für mich genau der richtige Fehler. Kaum zu glauben, doch weil ich mit so knappem Budget arbeiten musste, lernte ich, kreativ und effizient mit dem verfügbaren Geld umzugehen. Dieser Fehler zwang mich dazu, meine Kalkulationen in Zukunft präziser zu gestalten und die Herstellungskosten meiner Immobilien zu senken.

Die Lektion aus diesem Fehler? Fehler, auch wenn sie auf den ersten Blick negativ erscheinen, können uns wertvolle Dinge für die Zukunft lehren. Sie zwingen uns, über uns hinauszuwachsen und neue, bessere Lösungen zu finden. Tatsächlich sind Fehler meist gar nicht so schlimm, wie wir anfangs glauben. Jeder Fehler hat einen Sinn, wenn wir bereit sind, ihn zu hinterfragen und daraus zu lernen.

Die Angst vor Fehlern überwinden

Viele Menschen haben so große Angst davor, Fehler zu machen, dass sie gar nicht erst etwas anfangen. Doch was wäre, wenn wir unsere Einstellung zu Fehlern ändern könnten? Was wäre, wenn wir in jedem Fehler eine Chance zur Weiterentwicklung sehen würden? Ich sage nicht, dass ich Fehler liebe, denn in meinem Geschäft kosten Fehler viel Geld - und niemand verliert gern Geld. Auch ich nicht. Doch ich habe gelernt, dass die Angst vor Fehlern Menschen davon abhält, ihr volles Potenzial zu entfalten.

Es gibt natürlich auch Bereiche, in denen Fehler schwerwiegender und unverzeihlich sind: etwa in der Medizin, wenn Menschenleben auf dem Spiel stehen. Hier sind sie inakzeptabel. Aber in vielen anderen Bereichen, insbesondere im Geschäftsleben, sind Fehler unvermeidlich und manchmal sogar notwendig.

Was wir über Fehler lernen und was nicht.

Von klein auf wird uns beigebracht, dass Fehler etwas Schlechtes sind. Das Schulsystem vermittelt uns diesen Glauben auf subtile, aber tiefgreifende Weise: Wir schreiben Arbeiten, und danach wird nach dem Prinzip bewertet, wie viele Dinge wir falsch und wie viele wir richtig gemacht haben. Fehler werden rot markiert, und jeder macht die Note etwas schlechter. Die Botschaft, die wir unbewusst verinnerlichen, lautet: Je weniger Fehler du machst, desto besser bist du. Wir lernen daraus, dass Fehler machen etwas ist, das es um jeden Preis zu vermeiden gilt. Nur Fehler stehen im Vordergrund, nicht die Lernfortschritte, die wir durch das Lösen der Aufgaben erzielen.

Was passiert, wenn wir diese Art zu denken auf das Leben übertragen? Was ist, wenn wir uns vor Fehlern so sehr fürchten, dass wir nichts Neues ausprobieren? Wenn wir unser Handeln danach ausrichten, keine Fehler zu machen, anstatt danach zu streben, Fähigkeiten zu entwickeln, neue Dinge zu lernen und Bekanntes zu verbessern?

Innovation, Fortschritt und persönliches Wachstum geschehen nur dann, wenn wir uns trauen, Fehler zu machen.

Die Realität des Lebens, vor allem im Unternehmertum, ist weit entfernt von der Welt der Schule und deren Notenvergabe. Hier wird Erfolg nicht daran gemessen, wie viele Dinge wir auf Anhieb richtig machen, sondern wie gut wir uns von Rückschlägen erholen und aus unseren Fehlern lernen. Das wahre Lebenslernen beginnt, wenn wir Fehler nicht als Versagen betrachten, sondern als Chancen, uns zu verbessern. Im Alltag und im Geschäft bedeutet ein Fehler nicht das Ende, sondern sehr oft den Anfang eines besseren Verständnisses. Durch Fehler erkennen wir, was funktioniert und was nicht. In der Schule lernen wir, dass Fehler uns zurückhalten, aber im echten Leben sind sie das, was uns nach vorne bringt.

Ein großes Problem unseres Bildungssystems ist, dass uns nicht beigebracht wird, wie wir aus Fehlern lernen können. In der Schule werden sie einfach markiert, ohne dass sie als Ausgangspunkt für Wachstum genutzt werden. Die rote Tinte auf dem Papier sagt: »Du hast versagt!« Aber was wäre, wenn der Fokus darauf läge, anhand der Fehler den Prozess des Lernens zu fördern? Was wäre, wenn Kinder ermutigt würden, ihre Fehler zu reflektieren, anstatt sie als Makel zu betrachten und zu vermeiden? Was wäre, wenn der Fehler nicht als Zeichen von Unzulänglichkeit, sondern als Möglichkeit zur Weiterentwicklung gesehen würde?

In der Realität, im Berufsleben, im Business und in jeder Art von persönlichem Wachstum gibt es den Begriff der »Fehlerkultur«. Er bedeutet nicht, Fehler zu idealisieren, ignorieren oder gar zu feiern, sondern sie bewusst zum Lernen und Weiterentwickeln zu nutzen. Jeder einzelne Fehler gibt uns die Möglichkeit, etwas über uns selbst, unsere Fähigkeiten und die Welt um uns herum zu erfahren. Er zwingt uns, innezuhalten, nachzudenken, neue Wege zu suchen und sie dann zu gehen. Er fordert uns heraus, uns nicht mit dem Status quo zufriedenzugeben, sondern nach Verbesserungen zu suchen. Nur wer Fehler macht, kann wachsen.

Jeder von uns darf sich also fragen: Wie möchte ich mit Fehlern umgehen? Will ich sie fürchten und vermeiden, oder will ich sie als Wegweiser für zukünftige Erfolge sehen? Es geht nicht darum, absichtlich Fehler zu machen oder leichtfertig zu handeln. Es geht darum, sie zu akzeptieren, wenn sie passieren, und dann das Beste daraus zu machen. Jeder Rückschlag, jeder gescheiterte Versuch birgt die Chance, etwas besser zu verstehen oder anders anzugehen.

Als Thomas Edison die Glühlampe erfand, soll er – so sagen die Geschichtsbücher – mehr als tausend Versuche unternommen haben, bevor er den richtigen Ansatz fand. Rückblickend sagte er: »Ich habe nicht versagt, ich habe nur tausend Wege gefunden, die nicht funktioniert haben.« In einer Welt, die sich ständig verändert, dürfen wir den Mut haben, Dinge auszuprobieren, auch wenn das Risiko, Fehler zu machen, besteht. Wenn wir immer den sichersten Weg gehen und versuchen, Fehler zu vermeiden, wagen wir uns selten auf unentdecktes Terrain, werden nichts Neues entdecken oder entwickeln. Doch wenn wir bereit sind, uns dem Risiko zu stellen und aus unseren Fehlern zu lernen, besteht die Chance, neue Wege zu finden. Fehler sind Möglichkeiten, genau die Fähigkeiten zu entwickeln, die wir brauchen, um uns schneller an Veränderungen anzupassen und langfristig erfolgreich zu sein.

Es liegt an uns selbst, unser Denken über Fehler zu ändern. Statt – wie in der Schule – nach Perfektion zu streben, sollten wir uns erlauben, unvollkommen zu sein. Oft sind es gerade die Fehler, die zu den besten Lösungen führen. »Wer noch nie einen Fehler gemacht hat, hat sich noch nie an etwas Neuem versucht«, sagte Albert Einstein. Meine Ergänzung dazu: »Wer immer nur nach dem strebt, was sicher und bekannt ist, wird niemals erfahren, was tatsächlich alles möglich ist.«

Mit guter Vorbereitung unnötige Fehler vermeiden

Während Fehler unvermeidlich und lehrreich sind, ist es ebenso wichtig zu betonen, dass eine gute Vorbereitung einige dieser Fehler von vornherein verhindern kann. Wenn wir uns bewusst auf das, was vor uns liegt, vorbereiten, minimieren wir das Risiko, unnötige Fehler zu machen. Vorbereitung bedeutet nicht nur, sich auf die äußeren Umstände einzustellen, sondern auch innerlich bereit zu sein: mental, emotional und praktisch. Das bedeutet, sich mit den notwendigen Informationen auszustatten, um Herausforderungen zu meistern, bevor sie uns überwältigen.

Im Business und bei großen Entscheidungen gilt: Wer sich im Vorfeld gründlich vorbereitet, macht weniger Fehler. Gute Vorbereitung ist wie ein Sicherheitsnetz: Es fängt uns auf, wenn Dinge nicht wie geplant verlaufen. Sie hilft uns, die richtigen Entscheidungen zu treffen und auf Eventualitäten flexibel zu reagieren. Ich bereite mich immer vor und plane aktiv das Wachstum meiner Unternehmen. Planung ist ein entscheidender Teil meines Erfolgs. Sie erlaubt mir, Chancen und Risiken besser zu bewerten und fundierte Entscheidungen zu treffen. Ohne eine klare Vision und gezielte Planung würde das Wachstum stagnieren, da der Zufall in der Regel zu mehr Fehlern führt, als wenn man genau plant. Doch Vorbereitung bedeutet nicht nur Planung, sondern auch die kontinuierliche Investition in Wissen. Wissen ist die Grundlage, die uns befähigt, Fehler zu verstehen und unnötige zu vermeiden.

Durch kontinuierliche Weiterbildung und Lernen schaffen wir die Grundlage dafür, in jeder Situation besser gewappnet zu sein. Egal, ob in der Karriere, im persönlichen Leben oder in zwischenmenschlichen Beziehungen: Das Streben nach Wissen macht uns nicht nur kompetenter, sondern auch widerstandsfähiger gegenüber den Unwägbarkeiten des Lebens. Benjamin Franklin hat es treffend formuliert: »Eine Investition in Bildung bringt immer noch die besten Zinsen.« Wissen ist der Schlüssel, um uns persönlich weiterzuentwickeln und mit Fehlern richtig umzugehen. Es geht darum, aus jeder Herausforderung und jedem Rückschlag eine Lehre zu ziehen.

Darum, besser vorbereitet zu sein, wenn wir das nächste Mal vor einer ähnlichen Situation stehen. Wissen gibt uns Werkzeuge an die Hand, mit denen wir an uns selbst arbeiten können. Wir sind dann nicht länger Opfer von Umständen oder Herausforderungen, sondern Akteure, die mit jedem Fehler wachsen und daraus gestärkt hervorgehen.

Ein Vorbild, das ich in diesem Zusammenhang bewundere, ist Elon Musk. Er hat trotz enormer Rückschläge, wie beispielsweise die Fehlstarts seiner SpaceX-Raketen, niemals aufgegeben. Als die Raketen wiederholt scheiterten und Millionengelder verloren gingen, hätte er aufhören können. Jeder andere hätte das getan. Doch Musk entschied sich, weiterzumachen, zu lernen und zu wachsen. Er investierte in Wissen und Technologie, um seine Fehler zu verstehen, sie beim nächsten Versuch zu vermeiden und den ganzen Prozess besser zu machen. Heute steht SpaceX an der Spitze der Weltraumtechnologie. Ein Beweis dafür, dass Rückschläge nur dann endgültig sind, wenn man aufgibt.

Im Grunde genommen schaffen gute Vorbereitung und kontinuierliches Lernen die Basis, auf der eine nachhaltige Fehlerkultur aufbauen kann. Mit jedem Fehler werden wir besser, mit jeder neuen Erkenntnis klüger. Das gibt uns die Kraft, uns weiterzuentwickeln und nicht von Rückschlägen zurückgeworfen zu werden. Wer in Wissen investiert, investiert in seine Zukunft. Meiner Meinung nach ist das der sicherste Weg, um langfristig erfolgreich zu sein.

Nie die gleichen Fehler mehrmals machen

Wenn wir immer wieder den gleichen Fehler machen, ohne daraus zu lernen, nehmen wir uns selbst die Chance, zu wachsen. Wiederholt gleiche Fehlentscheidungen zu treffen, ohne daraus Konsequenzen zu ziehen, ist ein Zeichen von Stagnation und Dummheit. Dazu passt perfekt ein Zitat von Albert Einstein: »Die Definition von Wahnsinn ist, immer wieder das Gleiche zu tun und andere Ergebnisse zu erwarten.«[21] Es ist nicht der einzelne Fehler, der problematisch ist, sondern das wiederholte Nicht-Lernen. Fehler sind nur dann wertvoll, wenn sie uns zu neuen Erkenntnissen führen. Es geht nicht darum, Fehler zu vermeiden, sondern darum, sie nicht zu wiederholen.

Das gilt für alles im Leben: Business, Partnerschaft, Kindererziehung und viele andere Bereiche. Es gibt nichts, was so stark zuschlagen kann wie das Leben. Doch wahre Stärke zeigen wir darin, wie wir uns diesen Schlägen stellen, mit Herausforderungen umgehen, die uns unerwartet treffen, und wie wir den Mut finden, wieder aufzustehen, wenn wir gefallen sind.

Wie also geht man mit Niederlagen und Rückschlägen um? Meine Antwort: mit Akzeptanz, Entschlossenheit und der Übernahme von Verantwortung. Akzeptiere, dass Niederlagen Teil des Weges zum Erfolg sind, aber bleibe entschlossen, sie zu überwinden und die Verantwortung für jeden Schritt zu tragen. Es ist ein ständiger Zyklus: Fehler, Lernen, Wachsen. Kein Erfolg kommt ohne diesen Prozess aus.

Erfolgreiche Menschen haben nicht weniger Fehler gemacht oder Niederlagen erlitten als andere. Sie haben einfach gelernt, besser damit umzugehen. Sie haben verstanden, dass das Gepäck, das sie tragen müssen, oder die Herausforderungen, die sie bekommen, nicht zufällig da sind. Sie wurden ihnen gegeben, weil diese sie für größere Aufgaben vorbereiten. Jeder Stolperstein auf ihrem Weg war ein Schritt nach vorne.

Wenn wir dieses Prinzip in unser Leben integrieren, gibt es keine Niederlage mehr, die uns aufhalten könnte. Der Unterschied zwischen den Menschen, die Erfolg haben, und denen, die keinen haben, liegt nicht in der Anzahl der Herausforderungen, sondern darin, wie sie diese nutzen, um sich weiterzuentwickeln.

»Wir kriegen nicht das Gepäck, das wir wollen, sondern das, was wir brauchen«, sagt man im Volksmund. Niemand weiß, woher das

21 Dieses Zitat wird häufig Albert Einstein zugeschrieben, doch es gibt keine belegbaren Nachweise dafür. Frühe Verwendungen finden sich in Veröffentlichungen von Narcotics Anonymous (1981) sowie in Rita Mae Browns Roman »Sudden Death« (1983). Vgl. https://professorbuzzkill.com/2017/05/29/einstein-insanity-qnq/; besucht am 08.04.2025.

stammt. Doch stimmt das nicht? Alle Herausforderungen, die uns im Leben begegnen, fallen zwar selten so aus, wie wir es uns wünschen. Stattdessen sind sie genau das, was wir brauchen, um zu wachsen. Herausforderungen formen uns. Sie stellen uns vor Prüfungen, zwingen uns, an unseren Schwächen zu arbeiten und Stärken in uns zu entdecken. Vor allem die, von denen wir zuvor nichts wussten.

Niederlagen sind also in diesem Sinne kein Scheitern, sie sind Lernprozesse. Jedes Problem, jeder Fehler, jeder Rückschlag birgt eine Lektion in sich, die wir dann erkennen, wenn wir bereit sind, sie anzunehmen und zu lernen. Es geht darum, die Kontrolle über unsere Reaktionen zu übernehmen und zu erkennen, dass der Umgang mit Niederlagen der Schlüssel zum langfristigen Erfolg ist.

Doch das allein reicht nicht. Wir müssen für alles, was wir tun, die volle Verantwortung übernehmen: für unsere Entscheidungen, unsere Fehler und auch für das, was wir nicht beeinflussen können. Früher, lange bevor ich diese Prinzipien verinnerlicht hatte, habe ich immer nach Schuldigen gesucht. So, wie wohl die meisten von uns. Es ist einfacher, die Verantwortung abzugeben und andere verantwortlich zu machen. Doch seitdem mir diese Denkweise bewusst geworden ist, habe ich damit Schluss gemacht. Ein konkretes Beispiel: Ich gebe weder den Banken noch der Politik noch der Wirtschaft die Schuld dafür, dass es in manchen Zeiten als Unternehmer herausfordernder ist, zu wachsen. Stattdessen übernehme ich selbst die Verantwortung und frage mich, was ich aus dieser Situation oder diesen Umständen lernen kann. Dann arbeite ich aktiv daran, sie besser zu meistern.

Dieser Perspektivwechsel hat mich wertvolle Einsichten gewinnen lassen und mich widerstandsfähiger gemacht. Heute fühle ich mich nicht mehr von äußeren Umständen eingeschränkt. Im Gegenteil: Durch diese Haltung bin ich in der Lage, schneller zu reagieren und nachhaltiger zu wachsen als je zuvor.

Verantwortung zu übernehmen bedeutet, die Kontrolle über das eigene Leben zu haben. Nur wenn wir Verantwortung akzeptieren, haben wir die Macht in der Hand, Dinge zu verändern. Es ist verlockend, anderen die Schuld für Fehler oder Misserfolge zuzuschieben, egal, ob es sich um Umstände, Menschen in unserem Umfeld oder äußere Faktoren handelt. Das hält uns in einem Zustand der Passivität gefangen, in dem wir uns als Opfer sehen und nicht als Gestalter unseres Lebens. Verantwortung hingegen gibt uns die Möglichkeit, an unseren Herausforderungen zu arbeiten und, wenn nötig, auch mal die Richtung zu ändern.

Was haben Rückschläge, Niederlagen und Verantwortung übernehmen mit Fehlern zu tun?

Der Übergang von Fehlern zu Niederlagen ist fließend, denn es sind dieselben Mechanismen, die uns in beiden Situationen weiterbringen. Die entscheidende Frage lautet also nicht, wie wir beides vermeiden können – das ist ohnehin unmöglich –, sondern wie wir damit umgehen. Was können wir aus Niederlagen und Rückschlägen lernen? Wie können wir etwas Positives daraus ziehen?

Zunächst einmal ist es der Blickwinkel, aus dem wir sie sehen: Jede Niederlage können wir als Gelegenheit zur Reflexion betrachten. In dem Moment, in dem wir innehalten und uns ehrlich fragen, was schiefgelaufen ist, beginnt der Prozess der Veränderung. Fehler und Rückschläge sind keine Sackgassen, sondern Richtungsweiser, die uns helfen, neue Ansätze zu entwickeln. Dieser Prozess erfordert jedoch die Bereitschaft, nicht nur Verantwortung zu übernehmen, sondern auch offen zu bleiben. Es geht darum, nicht starr an alten Überzeugungen oder Strategien festzuhalten, sondern die Fähigkeit zu entwickeln, flexibel zu agieren und widerstandsfähiger zu werden. Aus genau diesen Momenten der Reflexion und Anpassung schöpfen wir die Kraft, nicht nur zurückzukommen, sondern gestärkt daraus hervorzugehen.

Das richtige Mindset zu entwickeln bedeutet, in jeder Herausforderung eine Möglichkeit zu sehen. Es geht darum, sich nicht durch Rückschläge entmutigen zu lassen, sondern zu erkennen, dass diese Momente uns näher an unsere Ziele bringen, auch wenn sie zunächst wie Hindernisse erscheinen. Wenn wir das Gepäck, das wir aufgebürdet bekommen, als Werkzeug begreifen, das uns auf unserem Weg formt und weiterentwickelt, wird klar, dass es nicht die Leichtigkeit ist, die uns voranbringt, sondern der Umgang mit den Widerständen.

Niederlagen sind niemals endgültig. Es bestimmt die Entscheidung, wie man darauf reagiert, darüber, ob sie uns schwächt oder stärkt. Jeder Rückschlag bietet die Gelegenheit, wieder aufzustehen und es besser zu machen. Wenn wir uns vor Augen halten, dass auch die größten Erfolgsgeschichten von unzähligen Misserfolgen geprägt sind, dann wird klar, dass Scheitern ein natürlicher Teil des Erfolgsprozesses ist.

Denn nur weil man hingefallen ist, bedeutet das nicht, dass man gescheitert ist. Nur wer liegen bleibt, ist gescheitert, nicht der, der wieder aufsteht und weitermacht. Dieser Unterschied ist entscheidend. Scheitern liegt also nicht im Hinfallen, sondern im Liegenbleiben. Der Wille, immer wieder aufzustehen, macht den Unterschied. Es ist dieser Moment der Entscheidung, der deine Zukunft formt: Bleibst du am Boden oder erhebst du dich wieder?

Fehler und Niederlagen sind Herausforderungen, die uns innehalten lassen. Doch anstatt sofort weiterzugehen und aus Fehlern direkt zu lernen, geraten viele Menschen erst mal in eine andere Falle: Sie verlieren sich in endlosen Gedanken und verschwenden ihre Zeit damit, über das nachzugrübeln, was hätte anders laufen können. Oder sie machen sich über Szenarien Sorgen, die vielleicht niemals eingetroffen wären. Was wäre gewesen, wenn? Es liegt in der menschlichen Natur, uns in Sorgen zu verlieren. Uns den Kopf über Dinge zu zerbrechen, die längst vergangen sind oder möglicherweise passieren könnten, manchmal auch über solche Sachen, die wir gar nicht ändern können. Diese gedanklichen Lasten, die wir ständig mit uns herumschleppen, halten uns davon ab, wirklich voranzukommen.

Dazu möchte ich eine Geschichte erzählen, die in der buddhistischen Lehre erzählt wird: Einst wanderten mehrere Mönche durch das Land. Auf ihrem Weg kamen sie zu einem breiten Fluss, an dessen Ufer eine Frau stand. Sie bat einen der Mönche, ihr zu helfen, den Fluss zu überqueren. Der Mönch nahm die Frau auf seinen Rücken und trug sie über den Fluss. Am anderen Ufer setzte er sie wieder ab. Die Frau bedankte sich, und die Mönche zogen weiter. Nach einiger

Zeit wandte sich der jüngere Mönch an den älteren und fragte ihn: »Warum hast du die Frau über den Fluss getragen? Es ist uns doch in unserem Glauben verboten, Frauen anzufassen.« Der ältere Mönch lächelte und antwortete: »Das stimmt, aber ich habe die Frau längst am Ufer abgesetzt. Du trägst sie immer noch bei dir.«

Die Moral dieser Geschichte: Während der ältere Mönch der Frau einfach geholfen und sie wieder abgesetzt hatte, hielt der jüngere Mönch gedanklich noch immer an der Situation fest. Das Gleiche passiert oft im Alltag: Wir verschwenden wertvolle Zeit und Energie mit Gedanken über Dinge, die längst vorbei sind oder die wir nicht beeinflussen können. Diese unnötigen Gedanken fesseln uns und halten uns davon ab, im Hier und Jetzt zu leben und nach vorne zu blicken.

Das Leben findet jetzt, in diesem Moment, statt. Nicht in der Vergangenheit. Nicht in einer hypothetischen Zukunft, die möglicherweise nie eintreten wird. Doch wie viele Menschen verbringen Stunden, Tage oder sogar Jahre damit, sich über Was-wäre-wenn-Szenarien Sorgen zu machen und in alten Fehlern zu verharren, anstatt die Gegenwart zu nutzen und die volle Verantwortung zu übernehmen. Hier ein Zitat von Seneca, das es auf den Punkt bringt: »Wir leiden mehr in der Vorstellung, als wir es in der Realität tun.«[22] Das beschreibt die Ängste und Sorgen, die wir uns selbst auferlegen, wenn wir über Situationen nachgrübeln, die noch gar nicht eingetreten sind. Es ist die Vorstellung dessen, was passieren könnte, die uns mehr leiden lässt als das tatsächliche Ereignis.

Ein klassisches Beispiel dafür ist ein bevorstehendes Bewerbungsgespräch: Tage oder sogar Wochen vor dem Termin beginnen Jobsuchende, sich Szenarien auszumalen, in denen sie Fragen nicht beantworten können, sich blamieren oder das gesamte Gespräch komplett misslingt. Diese negativen Gedanken führen zu schlaflosen Nächten, innerlicher Anspannung und enormem Stress. In der Realität verläuft das Gespräch meist sehr viel besser als erwartet. Der mentale Druck vor dem Gespräch ist viel intensiver als das tatsächliche

22 Seneca, L. A. Epistulae morales ad Lucilium, Brief 13.

Erlebnis. Und selbst wenn es nicht perfekt läuft, ist das lange nicht so schlimm, wie man es sich vorgestellt hatte.

Ein anderes alltägliches Beispiel ist die Angst vor einem unangenehmen Gespräch. Ob im Beruf, unter Freunden oder in der Familie, viele Menschen fürchten sich davor, dass ein klärendes Gespräch in einem Streit enden könnte oder die Beziehung darunter leidet. Sie gehen gedanklich immer wieder durch, was schiefgehen könnte. Das wird so mächtig, dass man es oft vermeidet, das Gespräch überhaupt zu führen. Doch wie oft verlaufen diese Aussprachen dann doch überraschend konstruktiv? Das Gegenüber zeigt Verständnis, und das Gespräch führt zu Lösungen und Klarheit. Auch hier zeigt sich, dass die Vorstellung des Konflikts schlimmer war, als die Realität es ist. Eine Möglichkeit, den ständigen Fluss von Sorgen und unnötigen Gedanken zu unterbrechen, ist Meditation. Sie öffnet einen Raum, in dem man sich ganz bewusst von den endlosen, blockierenden Gedankenketten befreien kann.

Was ist das Geheimnis von Meditation und wann ist sie sinnvoll? Um es auf den Punkt zu bringen: Meditation hilft, den Geist zu beruhigen. In einer Welt, die von ständiger Ablenkung, Informationen und Reizüberflutung geprägt ist, bringt sie uns dazu, innezuhalten und den Fokus auf das Hier und Jetzt zu lenken. Während des Meditierens lernen wir, unsere Gedanken zu beobachten, ohne uns von ihnen mitreißen zu lassen. Es geht nicht darum, den Verstand auszuschalten oder keine Gedanken mehr zu haben, sondern vielmehr darum, den ständigen Strom an Gedanken nicht mehr zu bewerten und kontrollieren zu wollen. Dadurch gewinnen wir Abstand und können Dinge klarer sehen. Warum ist das wichtig, könntest du jetzt fragen. Mit Recht, denn Gedanken können überwältigend sein, vor allem solche, die sich mit Angst und Sorgen beschäftigen.

Wie ich zuvor schon beschrieben habe, tendiert unser Geist dazu, sich Szenarien auszumalen, die eintreten könnten. Etwa, wenn wir in einer schwierigen Situation, einem Konflikt oder einer finanziellen Unsicherheit feststecken. »Was, wenn es schiefgeht?« ist ein typischer Gedanke, der sich wie ein Karussell in unserem Kopf dreht. Diese inneren Monologe nähren fortlaufend unsere Sorgen und halten uns in einem Kreislauf aus Stress und Anspannung fest. Meditation hilft, das Karussell anzuhalten. Sie hilft, solche Gedanken zu erkennen, ohne uns von ihnen beherrschen zu lassen. Meditation schult Achtsamkeit. Achtsam zu sein bedeutet, bewusst im Moment zu sein, ohne etwas zu bewerten. Mit der Zeit werden die Gedanken leichter, verlieren sich nicht mehr in imaginären Szenarien. An deren Stelle tritt die Realität, so klar, dass wir sie akzeptieren können, wie sie ist.

Wozu ist Meditation noch gut? Neben der mentalen Klarheit gibt es positive Effekte auf Körper und Seele: Regelmäßige Meditation senkt spürbar den Stresspegel, fördert das emotionale Gleichgewicht und lindert nachweislich körperliche Symptome wie hohen Blutdruck oder Schlafstörungen. Doch vor allem ist Meditation ein Weg, um mit sich selbst in Einklang zu kommen. Innere Ruhe zu finden, besonders in den Momenten, in denen die Gedankenwelt einen festzuhalten scheint.

Für mich ist Meditation eine effektive Methode, um innere Dialoge und das mentale Karussell zu unterbrechen. Als ich damit begann, klappte es nicht sofort, doch je regelmäßiger ich übte, desto leichter fiel es, mich von unnötigen Gedankenspiralen zu lösen.

Mein Aufruf zum Handeln

Fehler zu machen ist ein Zeichen dafür, dass du etwas tust. Vielleicht etwas Neues versuchst. Nur wer wagt, kann gewinnen. Die Welt belohnt nicht jene, die in der Passivität verharren und sich vor Fehlern fürchten, sondern diejenigen, die sich trauen, Verantwortung anzunehmen und aus jeder Situation zu lernen. Fehler sind nicht das Ende. Sie sind der Anfang von etwas Neuem. Sie fordern uns heraus, über uns selbst hinauszuwachsen und neue Wege zu gehen.

Jeder Fehler, den du machst, bringt dich einen Schritt näher an deine Ziele. Es ist nicht der makellose Plan, der zum Erfolg führt, sondern der Mut, auch in unsicheren Momenten Entscheidungen zu treffen und die Konsequenzen zu tragen. Die Bereitschaft, sich Fehlern zu stellen, sie zu reflektieren und daran zu wachsen, ist der wahre Schlüssel zu nachhaltigem Erfolg. Du brauchst keine Angst vor Fehlern zu haben. Angst lähmt, während die bewusste Auseinandersetzung mit Rückschlägen dich stärkt. Nimm Fehler als Teil des Wachstumsprozesses, als Gelegenheit, dich neu zu erfinden, um auf einem höheren Niveau weiterzumachen. Wenn du Verantwortung für deine Fehler übernimmst, eröffnest du dir selbst die Möglichkeit, nicht nur Herausforderungen zu überwinden, sondern widerstandsfähig zu werden und langfristig erfolgreich zu sein.

Mein Rat: Lass dich nicht von deinem Umfeld entmutigen. Es wird immer Menschen geben, die dich nicht wachsen lassen und dich gerne weiterhin in deiner Komfortzone sehen möchten – bewusst oder unbewusst. Ihre Zweifel, Kritik oder Ängste sind nicht deine Wahrheit. Dein Wachstum gehört dir, und niemand außer dir entscheidet, wie weit du gehst. Es ist dein Weg. Jeder Fehler, jeder Rückschlag, jede Niederlage ist eine Einladung, besser zu werden. Nimm sie an. Sei nicht derjenige, der sich von der Angst vor Fehlern oder der Meinung anderer zurückhalten lässt. Werde derjenige, der den Mut hat, nach einem Hinfallen wieder aufzustehen und weiterzumachen. Sieh ab jetzt in jeder Herausforderung eine Chance!

Kapitel 7

Sei ein Meister in Team- und Mitarbeiterführung

In diesem Kapitel widme ich mich der Team- und Mitarbeiterführung. Egal, ob du ein Unternehmen führst, als Selbstständiger arbeitest oder dich als Angestellter in ein Team integrierst, ich möchte dir wertvolle Einsichten vermitteln. Sie unterstützen dich in deiner jeweiligen Position, Mitarbeiter zu führen oder mit Teamkollegen effektiver zusammenzuarbeiten.

Mitarbeiterführung bedeutet Menschenführung.

Ich erinnere mich noch gut an meine Zeit als Angestellter. In dieser Phase meines Lebens habe ich Dinge gelernt, die heute für mich als Unternehmer von unschätzbarem Wert sind. Ich habe damals erlebt, wie wichtig ein gutes Arbeitsklima und motivierte Mitarbeiter für den langfristigen Erfolg eines Unternehmens sind.

Eines weiß ich: Mitarbeiter sind immer das Herzstück eines Betriebs. Ihre Zufriedenheit und Motivation sind entscheidend für die langfristige Stabilität und Leistungsfähigkeit eines Unternehmens. Als ich damals in der Fabrik zu arbeiten anfing, war dieses Unternehmen unter einer starken Führung. Ich durfte die Bedeutung von Wertschätzung und Stolz auf meinen Arbeitsplatz hautnah erleben. Es war ein Privileg, dort zu arbeiten, und das wusste ich zu schätzen. Doch so etwas kann sich schnell ändern: In vielen Firmen kommt es zu tiefgreifenden Veränderungen, wenn eine neue Unternehmensleitung übernimmt. Das passiert beispielsweise in Familienunternehmen, wenn es einen Generationswechsel gibt und der Nachwuchs das Ruder übernimmt – oder wenn ein Unternehmen verkauft wird.

Ein Wechsel in der Führungsebene kann sich sowohl positiv als auch negativ auswirken. Du erinnerst dich sicher noch an den Kreislauf aus der Einleitung: »Gute Zeiten formen schwache Menschen, schwache Menschen schaffen schlechte Zeiten. Schlechte Zeiten formen starke Menschen, und diese wiederum schaffen gute Zeiten.« Dieser immerwährende Kreislauf lässt sich auf unzählige Bereiche des Lebens anwenden: Gesellschaft, Politik, Wirtschaft und auch Unternehmen. Er setzt jedoch nicht sofort ein, sondern entwickelt sich schleichend über Jahre oder Jahrzehnte hinweg.

In der heutigen Zeit werden in vielen Unternehmen die Mitarbeiter nur noch als eine Nummer im System betrachtet – eine Kostenstelle, die möglichst effizient funktionieren muss. So eine Denkweise ist mir persönlich völlig fremd, weil ich weiß, wie es sich anfühlt, einfacher Angestellter zu sein. Ich käme niemals auf die Idee, Mitarbeiter so zu behandeln. Wo die Menschlichkeit auf der Strecke bleibt, hat das langfristig verheerende Folgen. Die steigende Anzahl an Krankheitstagen aufgrund psychischer Belastungen ist nur eines der Symptome einer im wahrsten Sinne des Wortes unmenschlichen Mitarbeiterführung. Unternehmer, die in erster Linie auf Effizienz setzen, statt auf die Bindung und Motivation ihrer Mitarbeiter, stehen vor einem Dilemma: Sie sehen sie als leicht austauschbar, anstatt zu verhindern, dass sie tatsächlich austauschbar werden.

Was vielen Führungskräften fehlt, ist Wertschätzung sowie das Verständnis dafür, wie wichtig die Nähe zu den Mitarbeitern ist. Besonders jene, die den Erfolg ihres Unternehmens selbst aufgebaut haben, wissen, dass motivierte Mitarbeiter oder Teamkollegen der Schlüssel zum langfristigen Erfolg sind. Sie verstehen, dass jeder Mitarbeiter nicht nur ein Zahnrad im Getriebe ist, sondern ein essenzielles Bindeglied, das den Erfolg des Ganzen mitbestimmt.

Im Gegensatz dazu gibt es Führungskräfte und Interim-Manager, die während erfolgreicher Zeiten in ein Unternehmen kommen – ohne die schwierigen Phasen und Herausforderungen erlebt zu haben, mit denen das Unternehmen zu Beginn zu kämpfen hatte. Sie sehen nur die Chance, möglichst viel Leistung aus den Mitarbeitern herauszuholen, ohne die langfristigen Folgen im Blick zu haben. Anfangs mag diese Strategie funktionieren, doch Mitarbeiter spüren solche Veränderungen. Ihre Motivation nimmt ab, und ihre Bindung an das Unternehmen schwindet, bis schließlich die wertvollsten Mitarbeiter das Unternehmen unzufrieden verlassen.

Eine erfolgreiche Unternehmenskultur basiert auf gegenseitiger Wertschätzung, ähnlich wie in einer gut funktionierenden Familie. Wenn in einem Betrieb Zufriedenheit, Anerkennung und Motivation herrschen, fühlen sich die Mitarbeiter als Teil des Teams, bilden eine Gemeinschaft, die zusammenhält und gemeinsam an einem Strang zieht. Fehlen diese Werte jedoch, entsteht eine Atmosphäre, in der jeder nur für sich arbeitet – oder gar alle gegeneinander.

Führung und der Aufbau von Teams sind für mich zentrale Themen, mit denen ich mich intensiv beschäftige. Das habe ich von Anfang an gemacht und tue es bis heute. Die Aufgaben als Unternehmer sind für mich klar definiert: Es geht darum, sich langfristig um die Vision und den Aufbau des Unternehmens zu kümmern. Diese Verantwortung kann man jedoch nicht tragen, wenn man alles selbst macht. Wenn man ein Unternehmen gründet, ist es unumgänglich, anfangs selbst operative Aufgaben zu übernehmen. Doch auf lange Sicht muss man sich gezielt Raum für die Bereiche schaffen, in denen man wirklich exzellent ist.

Für mich ist das die Entwicklung neuer Ideen – wie in meinem Fall für Immobilienprojekte und andere unternehmerische Vorhaben. Dazu gehört auch das Implementieren sinnvoller Strukturen und die strategische Planung für kontinuierliches Wachstum. Um diesen Aufgaben gerecht zu werden, musste ich mir Zeit verschaffen, indem ich Strukturen aufbaute, Prozesse definierte und Aufgaben delegierte. Ich habe erkannt, dass Unternehmer, die alles selbst erledigen, riskieren, den Überblick zu verlieren und die langfristige Entwicklung ihres Unternehmens zu vernachlässigen.

Effektive Strukturen aufzubauen bedeutet, die richtigen Menschen mit den passenden Qualifikationen an den optimalen Stellen einzusetzen. Nur so kann das Unternehmen effizient arbeiten und wachsen. Durch das Delegieren von Aufgaben gewinnt der Unternehmer nicht nur wertvolle Zeit für strategische Arbeit, sondern stärkt auch das Verantwortungsbewusstsein und die Entwicklung der Mitarbeiter. Die wahre Kunst der Führung besteht darin, ein Umfeld zu schaffen, in dem das Team eigenverantwortlich, engagiert und zielgerichtet arbeitet, während der Unternehmer seinen Fokus auf die strategischen und visionären Aspekte legt.

Gute Mitarbeiter und auch Führungskräfte erkennt man jedoch nicht allein an ihrem Talent, sondern vor allem an ihrer Disziplin. Denn persönliche und berufliche Weiterentwicklung funktioniert nur, wenn man konsequent und zielstrebig daran arbeitet. Ähnlich wie im Sport reicht eine gute Genetik nicht aus – entscheidend sind harte Arbeit, Durchhaltevermögen und die Bereitschaft, sich kontinuierlich zu verbessern. Diese Disziplin ist es, die aus guten Mitarbeitern wertvolle Teamplayer und aus starken Führungskräften inspirierende Vorbilder macht.

Strukturen zu schaffen bedeutet, klare Abläufe und Verantwortlichkeiten im Unternehmen festzulegen. Der erste Schritt besteht darin, eine Organisationsstruktur zu definieren, die jedem Mitarbeiter oder Teammitglied seinen Platz und seine Rolle im Unternehmen zuweist. Dabei geht es nicht nur um Titel und Positionen, sondern vor allem darum, wer für welche Aufgaben und Entscheidungen verantwortlich ist. Das erfordert eine präzise Definition der Zuständigkeiten jedes Einzelnen. Jeder sollte genau wissen, was von ihm erwartet wird.

Ein entscheidender Teil dieser Struktur ist die Etablierung effizienter Kommunikationswege. Es muss klar sein, wie Informationen innerhalb des Unternehmens fließen und auf welchen Kanälen kommuniziert wird. Jeder braucht Zugang zu den Informationen, die er benötigt, um seine Aufgaben erfolgreich zu erledigen. Regelmäßige Meetings, klare Berichtswege und transparente Entscheidungsprozesse helfen dabei, Missverständnisse zu vermeiden und die Zusammenarbeit zu stärken.

Von Anfang an war es mir wichtig, sinnvolle Automatisierungen für wiederkehrende Prozesse zu entwickeln. Wo immer möglich, sollten Routineaufgaben durch Systeme und Werkzeuge vereinfacht werden. Das entlastet Führungskräfte und Unternehmer, sodass sie sich auf strategische Aufgaben konzentrieren können, die einen hohen Mehrwert für das Unternehmen haben.

Strukturen gehen aber über organisatorische Prozesse hinaus. Sie beinhalten auch die Schaffung einer Unternehmenskultur, die sich auf klar definierte Werte stützt. Diese Werte bilden den Rahmen für Entscheidungen und Handlungen im Unternehmen und geben allen eine klare Richtung vor. Wenn Erwartungen und Werte eindeutig formuliert sind, steigert das nicht nur die Effizienz, sondern stärkt auch den Teamgeist und das Zugehörigkeitsgefühl.

Ein maßgeblicher Bestandteil dieser Kultur ist es, regelmäßig Anerkennung für ihre Leistungen zu zeigen und damit positive Impulse zu setzen. Beispielsweise nutze ich Firmenfeiern nicht nur, um Erfolge zu würdigen, sondern auch, um eine optimistische Zukunftsvision des Unternehmens zu präsentieren. Dabei ist es mir wichtig, ehrliche Dankbarkeit für das Engagement jedes Einzelnen auszudrücken. Solche Momente stärken die Motivation, fördern die Identifikation mit der gemeinsamen Vision und unterstützen die langfristigen Unternehmensziele.

Letztlich geht es bei der Schaffung von Strukturen darum, ein System zu etablieren, das den aktuellen Anforderungen des Unternehmens gerecht wird und gleichzeitig flexibel genug bleibt, um mit Wachstum und zukünftigen Veränderungen standzuhalten. Gute Strukturen sind niemals starr, sondern können kontinuierlich angepasst und optimiert werden. Dadurch wird die Effizienz des Unternehmens langfristig sichergestellt, und die Ziele verfolgt, die zum Erfolg führen.

Entscheidender Bestandteil einer strukturierten und flexiblen Organisationsstruktur ist das gezielte Einsetzen der Mitarbeiter gemäß ihrer Fähigkeiten: die bewährte Kategorisierung in A-, B- und

C-Mitarbeiter, um das Potenzial und die Leistungsfähigkeit eines Teams optimal zu managen.[23]

A-Mitarbeiter sind die Leistungsträger des Unternehmens. Sie zeichnen sich durch außergewöhnliche Ergebnisse, Eigeninitiative und eine starke Identifikation mit den Unternehmenszielen aus. Diese Mitarbeiter bringen häufig innovative Ideen ein, übernehmen Verantwortung und haben eine hohe Arbeitsmoral. Mit ihrem Einsatz treiben sie das Wachstum des Unternehmens maßgeblich voran und sind sowohl fachlich als auch persönlich Vorbilder für andere. A-Mitarbeiter haben in der Regel das Potenzial, Führungspositionen zu übernehmen oder wichtige Projekte zu leiten.

B-Mitarbeiter leisten solide Arbeit und erfüllen zuverlässig ihre Aufgaben. Sie sind engagiert, aber nicht herausragend. Manche von ihnen haben das Potenzial, sich weiterzuentwickeln und zu A-Mitarbeitern aufzusteigen, wenn sie entsprechend gefördert und motiviert werden. B-Mitarbeiter bilden das Rückgrat eines Unternehmens: Sie halten den Betrieb am Laufen und sorgen für Stabilität und Kontinuität. Sie sind unverzichtbare Teammitglieder, die durch Beständigkeit und Verlässlichkeit überzeugen.

C-Mitarbeiter hingegen erfüllen ihre Aufgaben oft nur mit minimalem Einsatz, was langfristig die Produktivität und das Betriebsklima negativ beeinflussen kann. Sie fallen häufig durch mangelnde Motivation und geringe Leistungsbereitschaft auf. Zudem neigen sie dazu, negative Einstellungen ins Team zu tragen und damit den Fortschritt zu bremsen. Solche Mitarbeiter benötigen entweder intensive Unterstützung und gezielte Förderung oder eine klare Aufforderung, ihre Leistung zu verbessern. Falls trotz Unterstützung keine Fortschritte erkennbar sind, sollte eine Trennung in Betracht gezogen werden.

---

23 Die Kategorisierung von Mitarbeitern in A-, B- und C-Gruppen basiert auf der ABC-Analyse, die 1951 von H. Ford Dickie bei General Electric entwickelt wurde. Ursprünglich zur Materialklassifizierung genutzt, wird sie heute auch im Personalmanagement angewendet. Vgl. https://de.wikipedia.org/wiki/ABC-Analyse; besucht am 08.04.2025.

Das Ziel in der Führung muss sein, B-Mitarbeiter gezielt zu fördern, damit sie ihr Potenzial voll entfalten können und die Chance haben, sich zu A-Mitarbeitern zu entwickeln. Gleichzeitig sollte ein effektives Management der C-Mitarbeiter erfolgen, um das Gesamtniveau des Teams zu stabilisieren oder zu steigern.

Dabei ist es entscheidend, frühzeitig zu erkennen, welche Mitarbeiter das Potenzial für eine langfristige Zusammenarbeit haben. Diese Personen zeichnen sich nicht nur durch ihre aktuelle Leistung aus, sondern vor allem durch ihre Offenheit für persönliches und berufliches Wachstum. Eine erfolgreiche Zusammenarbeit hängt nicht nur davon ab, wie gut jemand in der Gegenwart arbeitet, sondern auch von seiner Bereitschaft, sich kontinuierlich weiterzuentwickeln und neue Herausforderungen anzunehmen. Mitarbeiter, die sich aktiv ins Unternehmen einbringen und Verantwortung übernehmen, verstehen, dass ihre Leistung einen direkten Einfluss auf den Unternehmenserfolg hat. Sie handeln proaktiv, lösungsorientiert und engagiert.

Auch Führungskräfte müssen offen für Wachstum sein. Sie sollten nicht nur Lernbereitschaft zeigen, sondern auch das Engagement mitbringen, Verantwortung für die eigene Entwicklung sowie die des Unternehmens zu übernehmen. Diese Einstellung fördert eine dynamische Arbeitskultur, in der Innovation und Erfolg gezielt vorangetrieben werden.

Unternehmer müssen dieses Potenzial frühzeitig erkennen und gezielt fördern. Investitionen in Weiterbildung, Mentoring und individuelle Entwicklungsmöglichkeiten sind entscheidend, um talentierte Mitarbeiter langfristig an das Unternehmen zu binden und ihre volle Leistungsfähigkeit zu entfalten. Führungskräfte und Mitarbeiter, die sich aktiv für Wachstum, Verantwortung und Weiterentwicklung einsetzen, sind die wahren Treiber des zukünftigen Erfolgs. Es ist die Aufgabe des Unternehmers, ihnen die notwendigen Werkzeuge und Chancen bereitzustellen, damit sie dieses Potenzial ausschöpfen können.

Wie erkennt man nun A-, B- oder C-Mitarbeiter? Die Probezeit bietet eine wertvolle Gelegenheit, nicht nur die fachlichen Fähigkeiten eines Mitarbeiters zu prüfen, sondern auch herauszufinden, ob dieser zur Unternehmenskultur passt. Ebenso wichtig ist es, zu erkennen, ob er bereit ist, Verantwortung zu übernehmen und sich weiterzuentwickeln.

Es gibt Menschen, die ihre Fähigkeiten überschätzen – und bei denen sich später herausstellt, dass ihre Selbsteinschätzung nicht mit ihrer tatsächlichen Leistung übereinstimmt. Die Probezeit bietet den idealen Rahmen, um diese Diskrepanz frühzeitig zu erkennen. In dieser Phase zeigt sich, wer tatsächlich das Potenzial hat, einen wertvollen Beitrag zum Unternehmen zu leisten, und wer noch Unterstützung oder Entwicklung benötigt. Die Probezeit schützt das Unternehmen vor langfristigen Fehlentscheidungen und gibt gleichzeitig den Mitarbeitern die Möglichkeit, ihre Eignung unter Beweis zu stellen. Sie können zeigen, dass sie den Anforderungen gewachsen sind – oder offen für Entwicklungsschritte bleiben. Während der Probezeit gilt es, genau hinzuschauen und gegebenenfalls frühzeitig korrigierende Maßnahmen zu ergreifen, um sicherzustellen, dass die richtigen Menschen für den langfristigen Erfolg des Unternehmens gewonnen werden.

Woher kommt es, dass es A-, B- und C-Mitarbeiter gibt? Hast du jemals in einem Job gearbeitet, in dem du dich fehl am Platz gefühlt hast? Wo du wusstest, dass du eigentlich mehr hättest leisten können – wenn man dir nur die richtigen Möglichkeiten gegeben hätte?

Stell dir einen Verkäufer vor, der es liebt, mit Menschen zu sprechen, Lösungen zu finden und in jeder Begegnung eine neue Chance sieht, etwas zu bewegen. Sein Arbeitgeber erkennt dieses Potenzial, gibt ihm die Möglichkeit zu wachsen – und der Verkäufer ist bereit, diese Chancen zu nutzen. Er fühlt sich geschätzt, seine Arbeit erfüllt ihn, und seine Motivation treibt ihn an, jeden Tag sein Bestes zu geben. Doch stell dir nun vor, dieser Verkäufer würde in der Buchhaltung eines Steuerbüros arbeiten. Statt mit Menschen zu kommunizieren, müsste er nun Belege sortieren, Zahlen analysieren und Formulare bearbeiten – Aufgaben, die ihn weder fordern noch begeistern. Am Anfang würde er sich vielleicht noch Mühe geben, doch wenn die Arbeit ihn nicht erfüllt, seine Ergebnisse ihn nicht stolz machen und er sich nicht entfalten kann, wird seine Motivation schwinden. Sein

Fokus wird nachlassen, seine Leistung wird sinken. Dabei ist er derselbe Mensch mit denselben Fähigkeiten – nur am falschen Ort.

Das ist wie bei einer Flasche Wasser: Im Kiosk zahlst du vielleicht achtzig Cent dafür, in einem eleganten Restaurant drei Euro und im Luxushotel acht Euro. Die Flasche ist und bleibt identisch – derselbe Inhalt, dieselbe Qualität. Was sich jedoch unterscheidet, ist der Rahmen, in dem sie präsentiert wird, und die Wahrnehmung, die sie dadurch erhält. Im Kiosk ist sie bloß ein Alltagsprodukt – im Luxushotel ein Ausdruck von Exklusivität. Der Kontext definiert ihren Wert neu.

Ähnlich ist es bei uns Menschen. Wenn wir uns in einem Umfeld befinden, das unsere Stärken nicht erkennt oder nicht zu unseren Talenten passt, können wir unser volles Potenzial nicht ausschöpfen. Wir fühlen uns fehl am Platz, unterschätzt – und das nagt oft an unserem Selbstwertgefühl. Doch in einer Umgebung, die uns fördert, unsere Fähigkeiten fordert und uns wertschätzt, können wir aufblühen. Hier entfalten wir nicht nur unser Potenzial, sondern gewinnen auch den Respekt der anderen – und, noch wichtiger, den Respekt vor uns selbst zurück.

Es liegt auch daran, dass wir Menschen uns unterscheiden. Jeder von uns hat eine einzigartige Persönlichkeit, geprägt durch individuelle Talente, Vorlieben und Fähigkeiten. Aber nicht jeder Persönlichkeitstyp passt zu jedem Job – im Gegenteil: Während der eine aufblüht, wenn er im direkten Austausch mit Menschen steht, zieht ein anderer seine Kraft aus analytischen oder kreativen Aufgaben, die er alleine bewältigt. Diese Unterschiede sind kein Fehler, sondern ein Teil dessen, was uns als Menschen ausmacht. Doch wenn wir in einem Umfeld landen, das nicht mit unserer Persönlichkeit harmoniert, geraten wir zwangsläufig ins Straucheln.[24]

So erging es mir selbst. Nach meiner Ausbildung habe ich mich mit aller Kraft bemüht, eine Festanstellung zu bekommen. Und als

---

24 Vgl. Holland, J. L. (1997). Making Vocational Choices: A Theory of Careers, Psychological Assessment Resources. Holland entwickelte das bekannte RIASEC-Modell, das Persönlichkeit und Berufswahl verbindet.

ich sie endlich hatte, merkte ich schnell, dass ich in einem System feststeckte, das mich nicht wachsen ließ. Ich war nur eine Nummer, ein Rädchen im Getriebe. Entfaltung? Fehlanzeige. Nach und nach verschwand meine Motivation, bis ich mich regelrecht krank fühlte. Die Arbeit, die ich anfangs mit Ernsthaftigkeit und Ehrgeiz anging, wurde zur Belastung.

Darum mein Appell: Die Umgebung, in der du dich befindest, definiert deinen Wert – aber du selbst hast die Macht, sie zu wählen. Warte nicht darauf, dass jemand deine Stärken erkennt, wenn du sie nicht zeigen kannst. Manchmal ist es besser, loszulassen, als an etwas festzuhalten, das dich unglücklich macht. Du allein hast es in der Hand, dich dorthin zu bewegen, wo du aufblühen kannst und dein Wert wirklich zur Geltung kommt.

Und genau so sollte man als Unternehmer die sogenannten C-Mitarbeiter betrachten – jene, die zu wenig Motivation zeigen oder nicht ins Teamgefüge passen. Es mag hart klingen, aber manchmal ist es besser, sich von ihnen zu trennen. Bleiben sie zu lange an Bord, läuft man Gefahr, dass sie die Dynamik im Team negativ beeinflussen und sogar die Motivation der leistungsstärkeren Mitarbeiter mindern. Ein starkes Team entsteht, wenn alle an einem Strang ziehen – und dafür braucht es die richtigen Menschen am richtigen Platz.

Ein guter Angestellter ist jemand, der nicht nur seine Aufgaben zuverlässig erfüllt, sondern aktiv zum Erfolg des Unternehmens beiträgt.[25] Er zeichnet sich durch Verantwortungsbewusstsein, Eigeninitiative und Loyalität aus. Sie oder er versteht es, die Unternehmensziele mit den eigenen Ambitionen in Einklang zu bringen. Ein solcher Angestellter strebt kontinuierlich danach, sich persönlich und beruflich weiterzuentwickeln.

Flexibilität und Anpassungsfähigkeit sind in der heutigen Arbeitswelt von unschätzbarem Wert. Ein guter Angestellter beweist die Fähigkeit, agil auf Veränderungen zu reagieren und neue Herausforderungen entschlossen anzugehen. Er zeigt nicht nur Engagement,

---

25 Vgl. Drucker, P. F. (1967). The Effective Executive, Harper Business, 1967. Drucker definiert die Rolle effektiver Mitarbeiter und Führungskräfte.

sondern denkt lösungsorientiert und bringt aktiv Ideen ein, die das Unternehmen voranbringen.

Ebenso unverzichtbar ist Kommunikationsstärke. Ein guter Mitarbeiter versteht es, respektvoll und klar mit Vorgesetzten, Kollegen und Kunden zu kommunizieren. Durch konstruktiven Austausch fördert er den Teamgeist, unterstützt andere und trägt zu einer Atmosphäre bei, in der sich alle wohlfühlen und produktiv arbeiten können. Ich lege großen Wert darauf, meinem Team Raum zu geben, ihre Perspektiven einzubringen und Vorschläge zu äußern.

Ein konkretes Beispiel aus meinem Alltag: Regelmäßig lade ich sie dazu ein, ihre Ideen und Verbesserungsvorschläge einzubringen – sei es in Teammeetings oder durch direkte Gespräche. Dabei ist es mir wichtig, offen zuzuhören und Anregungen ernst zu nehmen. So können etwa Vorschläge zur Umgestaltung eines Arbeitsablaufs umgesetzt werden, die nicht nur die Arbeit für alle Beteiligten erleichtern, sondern auch eine messbare Zeit- und damit Kostenersparnis bringen. Das zeigt, wie wertvoll es ist, wenn jeder die Möglichkeit hat, an betrieblichen Verbesserungen mitzuwirken.

Darüber hinaus zeichnet sich ein guter Angestellter durch seine Loyalität gegenüber dem Unternehmen aus. Er identifiziert sich mit dessen Werten und Zielen. Ebenso entscheidend ist die Bereitschaft, Verantwortung für das eigene Handeln zu übernehmen, sich weiterzuentwickeln und dazuzulernen. Ein guter Mitarbeiter bleibt offen für Feedback und nimmt neue Herausforderungen an, um sowohl seine eigene Entwicklung als auch den Unternehmenserfolg voranzutreiben.

In meinem Verständnis ist eine gute Führungskraft jemand, der nicht nur fachlich kompetent ist, sondern auch die Fähigkeit besitzt, Menschen zu inspirieren und zu motivieren. Die ideale Führungskraft versteht es, klare Ziele zu setzen und ihren Mitarbeitern den Weg dorthin zu ebnen, indem sie Ressourcen bereitstellt und Hindernisse aus dem Weg räumt. Sie fördert generell ein Arbeitsumfeld, in dem sich Mitarbeiter wohlfühlen, sich entfalten, ihre Stärken einbringen und gemeinsam an einem Strang ziehen. Diese Führungskraft handelt empathisch, kommuniziert transparent und hört genau zu, um die Bedürfnisse und Anliegen ihres Teams zu verstehen.

Grundsätzlich geht es in der Führung nicht nur um das Delegieren von Aufgaben, sondern auch um die Förderung von Eigenverantwortung, das Schaffen eines Raums für persönliches Wachstum und darum, seinen Mitarbeitern zu vertrauen. Gute Führungskräfte agieren mit Integrität und als Vorbilder. Dabei beweisen sie die notwendige Entschlossenheit, auch schwierige Entscheidungen zu treffen – stets, ohne dabei ihre Werte oder die des Unternehmens zu kompromittieren.

Mitarbeiter brauchen Vorbilder, um Orientierung und Motivation zu finden. Führungskräfte, die Engagement und Verantwortung vorleben, setzen den Standard, dem Mitarbeiter folgen können. Ein Vorbild geht mit gutem Beispiel voran, zeigt Durchhaltevermögen und die Bereitschaft, aus Fehlern zu lernen. Wie beim Fisch, der am Kopf zu stinken beginnt, muss man bei ineffizienter Arbeit einer Abteilung oder eines Teams zuerst die Führungskraft betrachten.

Schwache Führung wirkt sich unmittelbar auf die Leistung und Moral der Mitarbeiter aus. Wenn die Führungskraft nicht als Vorbild agiert, fehlt dem Team eine klare Richtung. Das zeigt sich dann negativ in der Gesamtleistung. Denn: »Nur wer selbst brennt, kann das Feuer in anderen entfachen.«

Während eine Führungskraft vor allem im operativen Alltag den Zusammenhalt und die Leistung eines Teams vorantreibt, stellt sich die Rolle eines Unternehmers in einem größeren Kontext dar.[26] Ein guter Unternehmer braucht die Fähigkeit, nicht nur den aktuellen Erfolg im Blick zu haben, sondern auch die Zukunft strategisch zu gestalten. Es geht um Vision und Weitblick, um den Mut, Chancen zu erkennen, noch bevor sie offensichtlich werden, und um die Bereitschaft, kalkulierte Risiken einzugehen, die das Unternehmen langfristig voranbringen.

---

26 Vgl. Drucker, P. F. (1985). Innovation and Entrepreneurship, Harper Business. Drucker beschreibt Unternehmertum als disziplinierte Suche nach Chancen.

Die klare Unterscheidung zwischen Führungskraft und Unternehmer ist mir persönlich sehr wichtig. Zwar überschneiden sich die Rollen in manchen Bereichen, doch der Unternehmer trägt die Verantwortung für das große Ganze. Er denkt über Tagesentscheidungen hinaus und konzentriert sich darauf, ein nachhaltiges und wachsendes Unternehmen aufzubauen. Während die Führungskraft die Brücke zu den Mitarbeitern schlägt, sorgt der Unternehmer dafür, dass diese Brücke auf einem stabilen Fundament steht.

Mir als Unternehmer ist es wichtig, ein erfolgreiches Unternehmen aufzubauen, und dazu muss ich ein Gespür für den Markt entwickeln sowie stets neugierig und lernbereit bleiben, um neue Trends und Marktveränderungen frühzeitig zu erkennen. Gleichzeitig bin ich flexibel genug, um mein Unternehmen an sich verändernde Umstände anzupassen.

Es ist mein oberstes Anliegen, meine Fähigkeiten gezielt einzusetzen und Menschen um mich zu haben, die meine Unternehmensvision teilen und bereit sind, gemeinsam mit mir daran zu arbeiten. Ich sehe mich nicht nur als Visionär, sondern ebenso als Umsetzer – als Macher, der bereit ist, sich mit den operativen Herausforderungen auseinanderzusetzen, ohne dabei den Blick für das große Ganze zu verlieren.

Mir ist bewusst, dass der Erfolg meiner Unternehmen nicht allein von mir abhängt. Es ist die Stärke meines Teams, die den Unterschied macht. Deshalb investiere ich gezielt in das Wachstum und deren Zufriedenheit. Ich schaffe Möglichkeiten, damit sich jeder individuell entwickeln kann, und sorge dafür, dass ein Arbeitsklima entsteht, in dem sich alle wertgeschätzt und motiviert fühlen. Denn nur gemeinsam können wir die Vision in die Realität übertragen.

Abgesehen von guten Mitarbeitern liegt – in meinen Augen – der Schlüssel zum Unternehmenserfolg sowohl in den Händen der Führungskräfte als auch beim Unternehmer selbst. Das sollte Hand in Hand gehen, denn beide treffen Entscheidungen, die Kurs und strategische Ausrichtung des Unternehmens bestimmen. Es ist ihre Verantwortung, das Unternehmen durch kluge Investitionen zu stärken.

Anstatt den Fokus nur auf die Mitarbeiter zu richten und durch Überstunden oder erhöhte Arbeitsbelastung kurzfristig die Rentabilität zu steigern, sollten beide gemeinsam die Weichen für nachhaltigen Erfolg stellen. Sinnvolle Investitionen – sei es in moderne Technologien, effiziente Prozesse oder in die Förderung der Mitarbeiter – sind der Motor, der ein Unternehmen langfristig antreibt.[27] Aber das allein reicht nicht: Unternehmer und Führungskräfte müssen auch interne Innovationen vorantreiben und nach neuen Ideen und Produkten suchen, um das Unternehmen in einem wettbewerbsintensiven Markt erfolgreich zu halten. Sie sind gefordert, einen kreativen Raum zu schaffen, in dem neue Konzepte entstehen und umgesetzt werden können. Sie sind es, die eine starke unternehmerische Vision entwickeln, um das Unternehmen kontinuierlich in die richtige Richtung weiterzuentwickeln.

Unternehmer, die langfristiges Wachstum im Blick haben, sollten sich bewusst sein, dass eine Steigerung der Rentabilität nicht nur durch mehr Arbeitsstunden erreicht wird, sondern vor allem durch die Schaffung von Rahmenbedingungen, die Effizienz, Kreativität und Zufriedenheit fördern. Neue Produkte, verbesserte Dienstleistungen und zukunftsweisende Ideen sind das Fundament, auf dem Erfolg aufbaut.

Unternehmer und Führungskräfte, die mutig neue Wege beschreiten und in Innovationen investieren, legen den Grundstein für anhaltende Wettbewerbsfähigkeit. Sie erkennen, dass der Erfolg eines Unternehmens nicht durch Druck auf die Mitarbeiter, sondern durch weitsichtiges Handeln und die Entfaltung kreativer Potenziale erreicht wird. Nur so kann das volle Potenzial des gesamten Teams freigesetzt werden.

---

27 Vgl. Porter, M. E. (1980). Competitive Strategy: Techniques for Analyzing Industries and Competitors, Free Press. Porter beschreibt, wie Unternehmen durch Strategie und Innovation ihre Wettbewerbsposition sichern.

Kapitel 8
Wenn wirtschaftliche Zeiten härter werden

Wirtschaftliche Zeiten spiegeln Angebot, Nachfrage und Rahmenbedingungen wider, die durch Faktoren wie Zinsen oder Inflation beeinflusst werden. »Rückenwind« beschreibt Phasen, in denen der wirtschaftliche Erfolg von Unternehmen scheinbar mühelos voranschreitet – mit günstigen Zinsen, hoher Nachfrage und Wachstum. »Gegenwind« hingegen steht für Krisenzeiten. Rückenwind und Gegenwind wechseln sich kontinuierlich ab und prägen den Lauf der Wirtschaft.

Bereits in den Jahren 2000 und 2008 hat uns die Weltwirtschaft gezeigt, wie stark solche Zyklen Märkte und Branchen beeinflussen können. Während im Jahr 2000 das Platzen der Dotcom-Blase die Technologiebranche bis ins Mark erschütterte, führte die Finanzkrise 2008 zu einem weltweiten Einbruch der Wirtschaft, der vor allem den Immobilienmarkt hart traf.

Genauso prägend war der Einfluss wirtschaftlicher Zyklen vor einigen Jahren, als sich die Rahmenbedingungen in der Immobilienbranche drastisch veränderten – eine Branche, die wie kaum eine andere von Zinssätzen abhängig ist. Im Jahr 2022 markierte die Zinserhöhung der Europäischen Zentralbank (EZB) einen entscheidenden Wendepunkt in Europa. Vor dieser Zinsanhebung gab es jahrelang eine riesige Nachfrage nach Immobilien. Menschen wollten ihr Geld anlegen, sich langfristig werthaltige Werte kaufen. Die Bauwirtschaft boomte, und Investoren zeigten weltweit großes Interesse an neuen Bauprojekten.

Wie bereits beschrieben, hatte ich in meinen unternehmerischen Anfängen ein neues Baugebiet entwickelt, dessen Nachfrage schon lange vor Fertigstellung und Vermarktung enorm hoch war. Viele

Menschen konnten sich zu diesem Zeitpunkt den Kauf von Immobilien noch leisten, weil die Zinsen niedrig waren. Nahezu jede Finanzierung blieb erschwinglich. Mit der Anhebung der Zinsen änderte sich das schlagartig. Die Europäische Zentralbank hob die Zinsen im Zuge der wachsenden Inflation in rasantem Tempo an. Das verteuerte Kredite von einem Moment auf den anderen. Plötzlich wurden Immobilienkäufe oder der Hausbau für viele Menschen unerschwinglich, und die Nachfrage brach drastisch ein. Das war nicht nur in meinem eigenen Projekt der Fall, sondern die gesamte Branche bekam es zu spüren. Unternehmen, die ihre Geschäftsmodelle auf das Niedrigzins-Umfeld ausgerichtet hatten, gerieten in Schieflage; nicht wenige mussten Insolvenz anmelden.

Wirtschaftliche Zyklen erfüllen eine wichtige Funktion: Sie bereinigen den Markt und schaffen Grundlagen für künftiges Wirtschaftswachstum. In Phasen des Abschwungs werden Schwächen im System sichtbar: Unternehmen, die ineffizient arbeiten, keine tragfähigen Geschäftsmodelle verfolgen und nur aufgrund günstiger Finanzierungen existieren konnten, geraten unter Druck. Solche Unternehmen, die ich »Geisterunternehmen« nenne, verschwinden schnell, wenn die äußeren Umstände schwieriger werden.

Dieser Prozess mag auf den ersten Blick destruktiv erscheinen, doch er ist für die langfristige Stabilität und Weiterentwicklung der Wirtschaft von großer Bedeutung. Der Wettbewerb im Markt sorgt dafür, dass sich nur die stärksten und anpassungsfähigsten Unternehmen behaupten. Sie zeichnen sich durch solide Geschäftsstrukturen, effektives Management und die Fähigkeit aus, auch in widrigen Zeiten genügend Ressourcen zu haben, um innovative Lösungen zu finden. Genau diese Eigenschaften sind es, die langfristig die Grundlage für eine stabile Wirtschaft bilden.

Diese Dynamik ist vergleichbar mit den Prinzipien der natürlichen Selektion. In der Natur überleben die Arten, die sich an ihre Umgebung anpassen können, während andere aussterben. Ähnlich wirken wirtschaftliche Zyklen auf Unternehmen: Diejenigen, die Ressourcen effektiv nutzen, sich laufend weiterentwickeln und flexibel auf Veränderungen reagieren, bleiben bestehen, während ineffiziente

Strukturen auf der Strecke bleiben. Die Bereinigung schwächerer Marktteilnehmer schafft Raum für Neues. Kapital, das zuvor von solchen Unternehmen gebunden war, wird umverteilt und fließt in die Bereiche, die Bestand haben, das Wirtschaftswachstum fördern und Innovationen vorantreiben. Das stärkt nicht nur die Wettbewerbsfähigkeit, sondern schafft die Basis für den künftigen Wohlstand aller.

Phasen des Abschwungs sind also nicht nur Prüfsteine für Unternehmen, sondern eine Chance für die Märkte, sich neu aufzustellen. Sie treiben den Fortschritt voran, indem sie Raum für effizientere Strukturen und tragfähige Geschäftsmodelle schaffen. Ja, dieser Prozess ist oft schmerzhaft. Doch nur so kann die Wirtschaft widerstandsfähiger und zukunftsfähiger werden.

In früheren Jahrhunderten wurden Wirtschaftskrisen von anderen Faktoren geprägt: In agrarisch geprägten Regionen beispielsweise hing die wirtschaftliche Stabilität eng mit den Erträgen der Landwirtschaft zusammen. Missernten, verursacht durch Schlechtwetterperioden, Dürren oder Überschwemmungen, hatten fatale Auswirkungen auf die gesamte Volkswirtschaft eines Landes. Wenn die Ernten ausblieben, standen den Menschen nicht nur weniger Lebensmittel zur Verfügung, sondern auch weniger Güter, die sie handeln oder verkaufen konnten. Landwirtschaftlich geprägte Gesellschaften waren auf diese Erträge angewiesen, um Steuern oder Abgaben zu leisten, Handel zu betreiben und Existenzen zu sichern. Ein schlechtes Erntejahr führte zu Hunger und dem massiven Einbruch des Handels, weil die landwirtschaftlichen Überschüsse als wirtschaftliche Grundlage fehlten. Der daraus resultierende Rückgang der Einkommen hatte weitreichende Folgen für die lokalen und regionalen Wirtschaftssysteme, die meist eng miteinander verflochten waren.

Diese Krisen wurden durch Geschichtsschreiber dokumentiert: Etwa während der Kleinen Eiszeit vom 14. bis 19. Jahrhundert führten niedrigere Durchschnittstemperaturen immer wieder zu schlechten Ernten in Europa. Dies hatte nicht nur verheerende Folgen für die Versorgung der Bevölkerung, sondern löste auch politische und soziale Unruhen aus. In den Jahren 1816 und 1817, bekannt als »Jahr ohne Sommer«, sorgte der Ausbruch des Vulkans Tambora, der sich in Indonesien auf der Insel Sumbawa befindet, für drastische Klimaeinbrüche, die die Ernten in Europa und Nordamerika massiv beeinträchtigten.

Mit der Industrialisierung änderten sich die Ursachen wirtschaftlicher Krisen. Märkte, Preise und Kredite traten in den Vordergrund. Die »Tulpenmanie« des 17. Jahrhunderts zeigt, wie die Verknappung von Gütern und eine künstlich geschaffene Nachfrage zu spekulativen Übertreibungen führten. Ähnlich verlief die »Panik von 1873«, die durch Überproduktion und Fehlinvestitionen in der Eisenbahn- und Immobilienbranche ausgelöst wurde. Die darauffolgende Depression traf Industrienationen weltweit hart und hinterließ tiefe Spuren. Sie zeigte, wie stark die Wirtschaft nun auch von Kapital und Spekulationen abhängig war, anstatt wie zuvor nur von landwirtschaftlichen Erträgen. Das Bild der Wirtschaft hatte sich verändert.

Dann, im 20. Jahrhundert, entwickelte sich die Wirtschaft weiter, und mit ihr änderten sich wiederum die Ursachen wirtschaftlicher Krisen. Die Weltwirtschaftskrise von 1929 folgte auf eine Phase intensiver Kreditvergabe und spekulativer Übertreibungen an den Börsen. Sie zeigte in dramatischer Klarheit, wie eng die globalen Märkte nun miteinander verflochten waren. Ein Börsencrash in den USA wirkte sich sofort auf den Welthandel aus. Er führte zu Massenarbeitslosigkeit und einer langfristigen wirtschaftlichen Depression.

Im Gegensatz dazu war die Ölkrise der 1970er-Jahre kein Ergebnis interner Marktdynamiken, sondern ein Beispiel für die Anfälligkeit der Weltwirtschaft gegenüber geopolitischen Einflüssen. Die plötzlichen Preissteigerungen für Energie zeigten, wie abhängig sich Industrienationen von Rohstofflieferungen gemacht hatten. Ein Jahrzehnt wirtschaftlicher Stagnation war die Folge.

Die jüngsten Krisen unserer Zeit zeichnen sich durch unsere Abhängigkeit von Finanzmärkten, Investitionen und Krediten aus. Die Finanzkrise von 2008 ist ein Paradebeispiel: Jahre zuvor hatte die expansive Kreditvergabe, insbesondere im Immobiliensektor, einen Boom ausgelöst. Als jedoch Kreditnehmer ihre Verbindlichkeiten nicht mehr bedienen konnten, platzte die Blase. Dies führte zu einem globalen Zusammenbruch des Bankensystems, der nur durch massive

Eingriffe der Zentralbanken und Regierungen abgewendet werden konnte.

Die Zyklen belegen, dass Wachstum und Krisen untrennbar miteinander verbunden sind, wenngleich sich ihre Ursachen im Laufe der Jahrhunderte gewandelt haben. Heute, in der modernen Wirtschaft, bestimmen Kapitalströme, Zinspolitik und spekulative Märkte die Dynamik, während in der Vergangenheit, insbesondere in agrarisch geprägten Gesellschaften, Naturgewalten und Ernteausfälle die wirtschaftlichen Grundpfeiler erschütterten. Das stürzte große Teile der Bevölkerung ins tiefe Elend.

Jede Phase ist geprägt von ihren spezifischen Risiken und Herausforderungen, aber alle zeugen von der wiederkehrenden Natur wirtschaftlicher Zyklen. Trotz der Herausforderungen und Krisen, die unser Wirtschaftssystem immer wieder erschüttert haben, ist unbestreitbar, dass in den vergangenen Jahrhunderten ein enormer Fortschritt möglich war. Die moderne Marktwirtschaft, gestützt durch Mechanismen wie Kapitalmärkte, Handel und technologischen Fortschritt, hat den globalen Wohlstand geschaffen, in dem wir heute leben. Dieser Wohlstand ist in der Menschheitsgeschichte einzigartig.

Ein wesentlicher Vorteil unseres Wirtschaftssystems ist die Fähigkeit, Ressourcen effizient zu nutzen und Innovationen voranzutreiben. Unternehmen und Individuen werden motiviert, neue Technologien zu entwickeln, Arbeitsprozesse zu optimieren und Produkte zu schaffen, die das Leben der Menschen verbessern. Dadurch sind wir in der Lage, auf globale Herausforderungen wie Hunger, Armut und Krankheiten mit einer Geschwindigkeit und Effizienz zu reagieren, die früher undenkbar war.

Nehmen wir als Beispiel den Kampf gegen den Hunger: Noch vor wenigen Jahrhunderten war Unterernährung ein allgegenwärtiges Problem, selbst in wohlhabenden Regionen. Heute haben technologische Entwicklungen, verbesserte Landwirtschaft und weltweiter Handel dazu geführt, dass die Nahrungsmittelproduktion pro Kopf die Nachfrage übersteigt. Hungerregionen gibt es immer noch, doch die Anzahl der Menschen, die in extremer Armut leben, hat sich in den letzten Jahrzehnten reduziert. Länder, die sich stärker in den globalen

Handel und die Marktwirtschaft integriert haben, konnten schneller Fortschritte erzielen als andere. Dennoch bleibt hier viel zu tun.

Der wohl wichtigste Erfolg liegt möglicherweise in der Fähigkeit des Wirtschaftssystems, sich selbst zu reformieren – durch Krisenzyklen. Krisen, so schmerzhaft sie auch sein mögen, sind Katalysatoren für Veränderungen und Verbesserungen. Nach jeder Rezession, jedem Zusammenbruch, suchen Unternehmen nach neuen Lösungen, um langfristige wirtschaftliche Stabilität und Wachstum zu sichern. Der Fortschritt der letzten Jahrhunderte ist ein Beweis für die Resilienz und Anpassungsfähigkeit der Wirtschaftssysteme.

Natürlich hat das auch Schattenseiten: Ungleichheit, Umweltzerstörung und die Konzentration von Macht in den Händen weniger Akteure. Es ist wichtig, das große Ganze zu betrachten: Die Marktwirtschaft hat mehr Menschen aus der Armut geholt, mehr Innovationen ermöglicht und mehr Lebensqualität geschaffen als jedes andere Wirtschaftssystem, das die Menschheit bisher ausprobiert hat. Die Stärke liegt in der Flexibilität. Anstelle eines starren Modells, das alle Eventualitäten vorab regeln möchte, erlaubt unser System eine dynamische Anpassung an veränderte Gegebenheiten. Genau diese Dynamik ist es, die uns immer wieder auf Krisen reagieren lässt und langfristigen Wohlstand sichert.

Künstliche Intelligenz

Ein aktuelles Beispiel für die Bedeutung von Flexibilität ist der Einsatz von Künstlicher Intelligenz (KI). KI revolutioniert zum Zeitpunkt, an dem ich dieses Buch schreibe, massiv die Art und Weise, wie Unternehmen arbeiten, Entscheidungen treffen und neue Produkte entwickeln. Ihre Fähigkeit, riesige Datenmengen in Echtzeit zu analysieren, Prozesse zu automatisieren und innovative Lösungen zu finden, wird die Geschwindigkeit des wirtschaftlichen Wachstums in den kommenden Jahrzehnten deutlich erhöhen. Doch diese Entwicklung erfordert Offenheit und die Bereitschaft, die neuen Technologien auch zu integrieren.

Unternehmen und Länder, die auf diese Veränderungen reagieren und KI sinnvoll einsetzen, werden erheblich profitieren. Sie können effizienter arbeiten, Kosten senken und Wettbewerbsvorteile ausbauen. Jene jedoch, die sich der Innovation verschließen, riskieren, den Anschluss zu verlieren und langfristig abgehängt zu werden. Die Zukunft gehört jenen, die flexibel bleiben und die Chancen der Technologie erkennen und nutzen.

Zurück zum Rücken- und Gegenwind, den ich bereits beschrieben habe: Rückenwind herrscht in Zeiten von Niedrigzinsen und großer Nachfrage, während Gegenwind in Form von steigenden Zinsen auftritt. Dann muss sich die Wirtschaft den Herausforderungen stellen: Wenn die Zinsen steigen, sinken Nachfrage und Konsumbereitschaft. Angebot und Nachfrage beeinflussen die Preise: Steigt das Angebot, fallen die Preise. Sinkt das Angebot, steigen sie. Das gilt für Immobilien ebenso wie für andere Waren. Doch so problematisch das auch erscheinen mag, es ergeben sich in diesem Kreislauf auch neue Möglichkeiten. In wirtschaftlichen Abschwüngen – den Phasen des Gegenwinds – eröffnen sich Gelegenheiten, die man in Zeiten des Booms vielleicht übersehen hätte. Schafft man es dann, diese zu ergreifen, flexibel zu bleiben und antizyklisch zu denken, dann hat man das Mindset der Erfolgreichen erlangt.

In Phasen von Rückenwind ist das Vorankommen eines Unternehmens sehr viel leichter. Die Wirtschaft wächst, und als Unternehmer fühlt es sich so an, als würde einem alles zufliegen. Man kann beobachten, dass Projekte schneller realisiert werden. Umsätze lassen sich in kürzerer Zeit deutlicher steigern. Rückenwind birgt allerdings auch die Gefahr, dass man sich darauf verlässt, dass er dauerhaft bleibt. Doch das ist nicht der Fall. Es kann Unternehmen hart treffen, wenn sie sich an die günstigen Bedingungen gewöhnt haben und nicht ausreichend darauf vorbereitet sind, dass sich der Wind auch wieder drehen kann.

Daher ist es wichtig, zu verstehen, dass dieser Wechsel so sicher kommt, wie der tägliche Sonnenauf- und -untergang. Nach der Phase des Wachstums und Erfolgs tritt immer eine Phase des Abschwungs mit steigenden Zinsen und sinkender Nachfrage ein. Die folgende Darstellung soll das verdeutlichen:

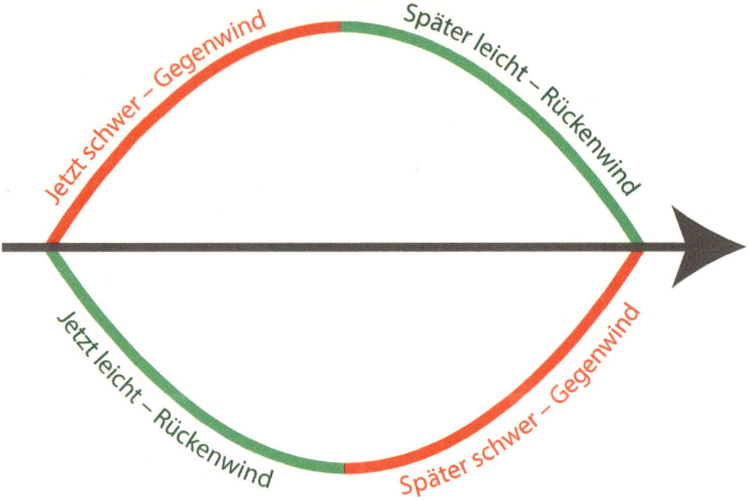

Abbildung 5: Gegenwind – Rückenwind

Wenn man sich auf den Gegenwind vorbereitet, mag das zunächst anstrengend und schwierig sein, aber die Zukunft wird leichter. Im Gegensatz dazu wird es in der Zukunft anstrengender und schwieriger, wenn man den Rückenwind genießt, ohne Vorkehrungen für kommende Herausforderungen zu treffen. Diesen Zyklus immer im Blick zu behalten, ist für mich als Unternehmer der Schlüssel zu langfristigem Erfolg.

Der Gegenwind spielte für mich eine zentrale Rolle, sowohl in meinen Projekten als auch in meinem Privatleben. Rückblickend betrachtet war es genau dieser Widerstand, der mich zwang, neue Wege zu finden, mich weiterzuentwickeln und härter zu arbeiten. Als die Zinsen stiegen, hat mich der Gegenwind Dinge gelehrt, die ich als

Unternehmer noch nicht kannte: Er vermittelte mir ein tieferes Verständnis der wirtschaftlichen Zyklen und zeigte mir, dass es Zeiten des Aufschwungs und des Abschwungs gibt, die nicht zu vermeiden sind – und dass es immer darum geht, diese Phasen sofort zu erkennen, anzunehmen und das Beste daraus zu machen. Durch den Gegenwind habe ich gelernt, die Wende eines Zyklus frühzeitig zu erkennen, die entscheidenden Indikatoren stets im Auge zu behalten und sofort strategisch darauf zu reagieren. Diese Indikatoren spiegeln wirtschaftliche Entwicklungen wider und helfen mir, meine Schritte rechtzeitig zu planen.

Obwohl mir der Gegenwind anfangs den Aufbau meines Unternehmens erschwert hat, habe ich gelernt, dass es gerade diese harten Zeiten sind, die mich auf zukünftige Phasen des Wachstums vorbereiten. Denn eines ist sicher: Wer es schafft, in schwierigen Zeiten zu bestehen, wird später davon profitieren. Ich habe erkannt, dass ich beide Zyklen – sowohl die Phase des Abschwungs als auch die des Aufschwungs – strategisch nutzen kann, um mein Unternehmen gezielt weiterzuentwickeln. Der Gegenwind hat mir beigebracht, dass Durchhaltevermögen ein entscheidender Faktor ist und dass man in Phasen der wirtschaftlichen Unsicherheit und des Widerstands weiterhin überlegt handeln muss, anstatt zu stagnieren oder gar aufzugeben.

Lass mich an dieser Stelle eine Geschichte erzählen:[28] Winston Churchill, während des Zweiten Weltkriegs der britische Premierminister, wurde 1941 eingeladen, vor den Studenten der Harrow School zu sprechen. Die Erwartungen waren groß. Man rechnete mit einer langen, eindringlichen Rede voller kluger Argumente und kraftvoller Worte, wie es für Churchill typisch war. Doch als er vor die Zuhörer trat, überraschte er alle, denn er sagte nur:

»Gib nie, nie, nie, niemals auf.«

28 Churchill, W. (1941). Address at Harrow School: Never Give In. National Churchill Museum.

Mehr nicht. Keine weiteren Erläuterungen, keine Ausschmückungen. Diese wenigen Worte, schlicht und direkt, standen für alles, was er selbst in den dunkelsten Zeiten des Krieges verkörperte. Sie waren eine Botschaft aus tiefster Überzeugung, geboren aus der Erfahrung eines Mannes, der sich niemals beugte. Inmitten der Herausforderungen, die Großbritannien zu dieser Zeit durchlebte, verkörperten seine Worte genau die Stärke, die nötig war, um allen politischen Widrigkeiten zu trotzen. Damit ist er in die Geschichte eingegangen, denn diese Worte hinterließen einen bleibenden Eindruck – nicht durch ihre Anzahl, sondern durch ihre unvergleichliche Kraft.

Während die meisten klassischen Investoren bei Gegenwind vor neuen Projekten zurückschrecken, weil sie stark auf Sicherheit bedacht sind, reagiere ich antizyklisch. In schlechten Zeiten kaufe ich Immobilien oder Grundstücke, um sie mit Neubauten zu bebauen. Gezielt nutze ich die Gelegenheiten, die der Markt mir bietet, und entwickle Projekte, die in Zeiten des Rückenwinds möglicherweise schwerer zu realisieren wären.

Antizyklisches Investieren bedeutet, bewusst gegen die allgemeine Marktstimmung zu handeln. Während viele Investoren in Zeiten wirtschaftlicher Unsicherheit oder Krisen dazu neigen, vorsichtig zu werden oder gar ihre Investitionen in Panikstimmung zu verkaufen, nutzt der antizyklische Investor genau diese Momente, um strategisch zu investieren. Der Kern dieser Strategie liegt in der Erkenntnis der Marktzyklen - die ich wie beschrieben als Rücken- und Gegenwind bezeichne. In Abschwungphasen fallen in der Regel die Werte von Immobilien. Darauf kann man setzen. Damit bieten sich beste Gelegenheiten für langfristige Investitionen, denn wenn die Preise sinken und der Markt von Pessimismus geprägt ist, kann man Vermögenswerte zu günstigeren Konditionen kaufen. Eine einfache Rechnung. Darum bin ich ein antizyklischer Investor, erkenne Chancen, die andere übersehen. Denn die meisten Menschen reagieren in unsicheren Zeiten emotional und ziehen sich zurück. Ich nutze die fallenden Preise zu meinem Vorteil.

Ein eindrucksvolles Beispiel ist der Aktienmarkt. Wenn die Kurse in Krisenzeiten einbrechen, verkaufen viele Menschen in Panik aus

Angst vor weiteren Verlusten, wodurch sich der Abwärtstrend zusätzlich verstärkt. Dieser Herdentrieb kann einen Crash auslösen, der noch durch externe Faktoren wie wirtschaftliche Rezessionen, geopolitische Spannungen oder plötzliche Zinsänderungen verstärkt wird.

Ein klassisches Beispiel ist die Finanzkrise 2008: Während einige Investoren in Panik ihre Anteile verkauften, erkannten andere ihre Chance und investierten in solide Unternehmen zu stark reduzierten Preisen. Der S&P-500-Index verlor innerhalb weniger Monate fast fünfzig Prozent seines Wertes. Wer zu diesem Zeitpunkt beispielsweise Aktien von Apple oder Amazon gekauft hat, konnte in den Folgejahren, als sich die Märkte erholten, satte Gewinne einfahren. So ein Verhalten konnte man auch während der Coronakrise beobachten. Die antizyklische Strategie erfordert Disziplin und den Mut, gegen den Strom zu schwimmen – und zu handeln. Ich habe für mich erkannt, dass Unsicherheiten und fallende Kurse keine Bedrohung sind, sondern ein Ausgangspunkt für langfristigen Erfolg. Entscheidend ist, den echten Wert hinter den Vermögenswerten einschätzen zu können und auf die langfristige Entwicklung der Märkte zu vertrauen, anstatt sich in Panik von Emotionen leiten zu lassen.

Wie ein bekannter Mensch aus der Branche einmal formulierte: »Wenn auf den Straßen Blut fließt, dann musst du kaufen.«[29] Dieses prägnante Statement betont, dass in den dunkelsten Momenten des Marktes, wenn Angst und Verzweiflung herrschen, die größten Chancen für langfristige Investitionen entstehen. Denn es geht niemals darum, kurzfristigen Trends zu folgen, sondern darum, die Marktlage stets mit kühlem Kopf zu analysieren und die Gelegenheiten zu erkennen, bei denen andere nur Risiken sehen. Antizyklisches Investieren ist eine Strategie, die belohnt wird. Allerdings muss man bereit sein, Geduld aufzubringen und auf langfristigen Wertzuwachs zu setzen. »Wenn sich eine Tür schließt,« so der Volksmund, »öffnet sich eine andere.« Meiner Meinung nach gibt es in schwierigen Zeiten viele verborgene Chancen.

---

29 Rothschild, N. M., zitiert in: »Kaufe, wenn das Blut auf den Straßen fließt«, Aphorismen.de, https://www.aphorismen.de/zitat/180079; besucht am 08.04.2025.

Wenn du ein Produkt verkaufen möchtest, musst du sicherstellen, dass es dafür Nachfrage gibt. Es nützt wenig, das beste Produkt zu haben, wenn niemand es braucht oder haben will. Der Markt, so volatil er auch sein mag, bietet immer Möglichkeiten für diejenigen, die wachsam die Bedürfnisse ihrer Zielgruppe erkennen. Das vergleiche ich gerne mit einem Regensturm: Wenn es draußen stürmt und du nicht raus kannst, nutze die Zeit, um dich vorzubereiten. Schärfe deine Axt, sammle Wissen und plane strategisch. Wenn der Regen aufhört, bist du sofort bereit, den Baum zu fällen – schneller als andere.

Diese Metapher verdeutlicht, dass die Zeiten, in denen scheinbar das Wachstum stagniert oder Projekte schwierig sind, ideal dafür sind, dich weiterzubilden, neue Ideen zu entwickeln und dich für den nächsten Aufschwung zu rüsten. Nur so wirst du vorbereitet sein, wenn sich die nächste Tür öffnet.

Ich habe bisher die Begriffe Rückenwind und Gegenwind im Zusammenhang mit der Wirtschaft benutzt. Doch ihre Bedeutung reicht weit über Finanzmärkte und Unternehmertum hinaus. Sie spiegeln das Leben in seiner ganzen Bandbreite wider und lassen sich auf alle Bereiche übertragen, in denen äußere Einflüsse eine Rolle spielen. Manchmal hat man das Gefühl, dass alles im Fluss ist, man ohne Hindernisse agieren kann und nichts einen aufhält. Vorprogrammierter Erfolg. Dann gibt es die Phasen, in denen jeder Schritt mühsam ist, jede Handlung schwerfällt. Es fühlt sich an, als müsse man gegen unsichtbare Widerstände ankämpfen. In diesen Gegensätzen, in diesem Wechselspiel aus Rücken- und Gegenwind, liegt die wahre Herausforderung im Leben – aber auch viele Chancen zu wachsen.

Stell dir vor, du hast in deiner beruflichen Karriere gerade eine Phase mit vollem Rückenwind. Deine Projekte laufen gut, neue Aufträge kommen wie von selbst, und du spürst, wie sich die Dinge so fügen, wie du es brauchst. Dein Team unterstützt dich perfekt. Diese Momente sind wertvoll, weil du ohne Mühe vorankommst. Du kannst diese Phase nutzen, um neue Ideen zu entwickeln, zu wachsen und deine Fähigkeiten auszubauen. Die Kunst liegt darin, nicht nachlässig oder bequem zu werden, sich auf den Lorbeeren auszuruhen, sondern diesen Schwung gezielt zu nutzen, um dich für zukünftige Herausforderungen zu rüsten.

Was passiert, wenn sich der Wind dreht und du plötzlich Gegenwind spürst? Vielleicht kommt es zu internen Umstrukturierungen, deine Aufgaben sind kaum noch zu bewältigen, und es fühlt sich plötzlich an, als würdest du auf der Stelle treten. Die Projekte, die zuvor so reibungslos liefen, werden zäh, und du merkst, wie viel mehr Kraft und Energie erforderlich sind, um voranzukommen. In diesen Momenten zeigt sich, wer wirklich Durchhaltevermögen besitzt. Gegenwind fordert heraus. Er zwingt dich, neue Wege zu finden, flexibel zu sein und nicht den Mut oder die Ausdauer zu verlieren. In solchen Momenten lernst du, was es bedeutet, Widerstände zu überwinden – und gestärkt daraus hervorzugehen.

Ein anderes Beispiel: Finanzen. Es gibt Zeiten, in denen alles perfekt läuft. Die Börse boomt, deine Investitionen werfen Gewinne ab, und du spürst den Rückenwind der wirtschaftlichen Stabilität. Doch plötzlich dreht es sich, der Gegenwind wird stärker. Vielleicht steigen die Zinsen. Vielleicht erlebst du unvorhergesehene finanzielle Rückschläge. Jetzt gilt es, richtig zu reagieren. Gibst du auf, wenn die Dinge nicht so laufen, wie du es dir wünschst? Oder bleibst du dran? Machst du weiter – zuversichtlich? In finanziellen Durststrecken zeigt sich, wer antizyklisch denken und agieren kann und wer den Mut hat, weiterzumachen, wenn andere aufgeben.

Sogar ins private Leben lässt sich das übertragen: In einer glücklichen Partnerschaft oder guten Freundschaft gibt es Zeiten von Rückenwind: Harmonie, Vertrauen und gegenseitige Unterstützung tragen euch beide. Die Zeit könnte nicht besser oder schöner sein. Was passiert, wenn plötzlich Konflikte auftauchen? Gegenwind in Beziehungen ist unangenehm und schmerzhaft. Er zeigt, wie wichtig es ist, kontinuierlich an der Verbindung zu arbeiten, über Differenzen hinauszugehen und sich gemeinsam zu entwickeln. Gegenwind erinnert daran, dass selbst die stärksten und glücklichsten Beziehungen manchmal auch Herausforderungen brauchen, um zu wachsen und sich zu entwickeln.

Wie sieht es in deinem persönlichen Wachstumsprozess aus? Wenn du neue Dinge lernst, fühlst du dich anfangs sicher vom Rückenwind getragen. Fortschritte sind sichtbar. Du spürst, dass du auf dem richtigen Weg bist. Doch früher oder später wendet sich das Blatt: Gegenwind bringt Schwierigkeiten, Rückschläge und Phasen, in denen du keine Fortschritte siehst. Genau da entscheidet sich, ob du weitermachst oder aufgibst. Menschen, die das nicht tun, auch wenn der Gegenwind ihnen noch so scharf ins Gesicht bläst, sind diejenigen, die erfolgreich sind und ihre Ziele erreichen.

Rückenwind und Gegenwind gehören zum Leben. Sie sind weder gut noch schlecht – sie sind einfach da. Rückenwind bietet die Gelegenheit, schneller voranzukommen, während Gegenwind uns zeigt, was wirklich in uns steckt - auch wenn es schwierig wird. Die Kunst des Lebens oder des Business besteht darin, beide Kräfte strategisch zu nutzen, um das Beste aus jeder Situation zu machen.

Warte also nicht auf gute Karten. Lerne, mit schlechten zu spielen. Es spielt keine Rolle, wo du im Leben gerade stehst: Ob du am Lebensanfang bist, mittendrin oder das Gefühl hast, dass die besten Jahre schon hinter dir liegen. Wichtig ist, dass du anfängst, das zu tun und konsequent zu verfolgen, was du erreichen möchtest – unabhängig von den Bedingungen. Glaube mir: Es dauert zu lange, auf die idealen Umstände zu warten, um ins Spiel einzusteigen. Viele Menschen hoffen darauf, dass die perfekte Gelegenheit oder der günstigste Moment kommt. Doch das Leben spielt selten nach diesem Ideal. Statt darauf zu warten, dass die richtigen Karten vor einem auf den Tisch kommen, ist es wertvoller, zu lernen, mit dem zu spielen, was zur Verfügung steht. Erfolgreiche Unternehmer, Investoren und Menschen, die in ihrem Leben etwas erreichen, warten nicht auf perfekte Bedingungen. Sie machen das Beste aus dem, was sie haben – egal ob zu wenig Startkapital, schwierige äußere Umstände oder mangelnde Erfahrung.

Ja, das ist leichter gesagt als getan. Das weiß ich, denn ich habe es getan. Es braucht Mut, sich in unsichere Gewässer zu wagen. Aber genau da liegt der Schlüssel zum Erfolg. Es gibt immer Herausforderungen. Wichtiger als die Frage, ob du die richtigen Ressourcen oder die besten Voraussetzungen hast, ist, ob du bereit bist, den ersten Schritt zu tun und das Beste aus der momentanen Situation zu machen.

Mein beruflicher Start hatte keine idealen Bedingungen. Ich habe klein angefangen und musste lernen, mit dem zu arbeiten, was ich hatte. Das war nicht viel. Doch dadurch entwickelte ich meine Kreativität und Widerstandsfähigkeit. Ist es nicht so, dass die größten Erfolgsgeschichten mit schlechten Karten beginnen und Menschen aus einfachsten Ausgangssituationen ihre größten Stärken entwickeln? Das Spiel des Erfolgs auch mit schlechten Karten zu spielen, bedeutet, Probleme kreativ lösen zu können, eine widerstandsfähige Haltung zu entwickeln und Chancen dort zu erkennen, wo andere nur Hürden sehen.

Wenn du lernst, mit schlechten Karten zu spielen, lernst du auch, inmitten von Unsicherheiten zu bestehen. Du entwickelst die Fähigkeit, aus Widrigkeiten Stärke zu ziehen und dich durch Schwierigkeiten zu manövrieren, bis sich die Dinge zu deinen Gunsten wenden. Eines ist sicher: Wer es schafft, in Krisenzeiten standhaft zu bleiben und überlegt zu handeln, wird umso mehr profitieren, wenn die guten Zeiten zurückkommen.

Genau wie Diamanten nur unter immensem Druck entstehen, so formen widrige Umstände und Herausforderungen unsere innere Stärke und Resilienz. Ich habe gelernt, dass es nicht der Komfort ist, der uns zu Höchstleistungen treibt, sondern der Druck, der uns zwingt, das Beste aus uns herauszuholen. Jede Krise, jeder Rückschlag und jede schwere Zeit bieten uns die Gelegenheit, uns zu verwandeln und zu wachsen – zu etwas Wertvollem und Beständigem, genau wie ein Diamant es ist. Wie gesagt: Diamanten würden nicht entstehen, wären sie nicht diesem Druck ausgesetzt. Menschen, die ins Tun kommen und durch diese Herausforderungen stärker werden, sind seltener als jene, die auf gute Karten warten. Es reicht also nicht, nur vom Erfolg zu träumen. Man muss aktiv werden. Nur wer den Mut hat, sich den schwierigen Situationen zu stellen, wird wachsen und sich weiterentwickeln. Man muss Wissen nicht nur besitzen, sondern es auch verinnerlichen und danach handeln.

Heute kann ich sagen, dass es sich für mich mehr als gelohnt hat, Herausforderungen nicht auszuweichen, sondern sie aktiv zu nutzen. Jeder Rückschlag, jede Hürde, jeder Gegenwind hat mich stärker und widerstandsfähiger gemacht – nicht nur beruflich, sondern auch auf persönlicher Ebene. Dank dieser Erfahrungen gehe ich mittlerweile mit einer Leichtigkeit und inneren Sicherheit durchs Leben. So viele Dinge sind einfacher geworden: der Umgang mit Problemen, die Vielzahl an Projekten und das Bewältigen von Aufgaben, die früher Stress verursachten. Was mir früher als echte Herausforderung erschien, ist heute Teil meines Alltags, den ich mit Ruhe und Fokus bewältige. Diese innere Gelassenheit kommt nicht von ungefähr, sondern ist das Resultat harter Arbeit und ständigen Lernens im Angesicht von Schwierigkeiten.

Kapitel 9
Die Welt ist so, wie du bist

Einer meiner Lieblingssätze ist: »Die Welt ist so, wie du bist.« Diese Aussage trägt eine tiefe Bedeutung in sich, die uns – wenn wir sie ernst nehmen – zwingt, innezuhalten und uns zu hinterfragen. Sie zeigt, dass die eigene Wahrnehmung der Welt immer durch das eigene Innere geprägt wird: Durch die Haltung, die Gedanken und die Einstellung zu Dingen und zum Leben – und vor allem durch unsere Erfahrungen. Die prägen uns. Die Fragen, die wir uns stellen sollten, lauten: Wie ist meine Einstellung? Womit beschäftigen sich meine Gedanken? Wie ist meine Grundhaltung? Optimistisch oder pessimistisch?

Wenn ich in mich gehe, erkenne ich, dass die Welt draußen ein Spiegel meiner inneren Überzeugungen ist. Damit meine ich, dass ich Herausforderungen, Erfolge, Menschen und Situationen um mich herum in jedem Moment durch die Linse meiner eigenen Wahrnehmung betrachte. Bin ich positiv eingestellt, nehme ich die Chancen und alles Positive um mich herum wahr. Wenn ich jedoch von Zweifeln, Ängsten oder Unsicherheiten geprägt bin, spiegelt sich das auch in meiner Umwelt wider.

Ich bin ein Optimist und glaube fest daran, dass jeder von uns das Potenzial hat, über sich hinauszuwachsen. Wir müssen nur daran glauben, dass wir alles erreichen und bewältigen können. Positiv zu sein bedeutet nicht, die Realität zu ignorieren oder schönzureden, sondern die Welt zuerst durch die Linse von Lösungen und Möglichkeiten zu betrachten – statt durch die Linse von Problemen. Positiv zu sein heißt, an unsere Fähigkeit zu glauben, Herausforderungen zu meistern und entschlossen zu bleiben, den eigenen Weg trotz aller Hindernisse zu gehen. Für mich ist Optimismus nicht nur ein Gefühl, sondern mein Motor, mein Antrieb, der mich aktiv voranbringt. Er befähigt mich, erfolgreich zu sein und entschlossen auf meine Ziele zuzugehen.

Genau genommen ist die ganze Welt ein Spiegel: Wenn wir Freude, Leidenschaft und Entschlossenheit in uns tragen, wird uns die Welt genau das zurückgeben. Doch sie zeigt uns ihre Schattenseiten, wenn wir negative Überzeugungen und Blockaden in uns tragen und ihnen Raum geben. Es ist unsere innere Einstellung, die bestimmt, wie wir die äußere Realität interpretieren und auf sie reagieren. Wendest du die Prinzipien und Einsichten an, die du bisher gelesen hast? Oder bleibst du in deinen Mustern gefangen? Sind tatsächlich immer die anderen an Fehlern und Rückschlägen in der Vergangenheit schuld, oder trägst du selbst auch einen großen Teil der Verantwortung? Vielleicht findest du es provokativ, dass ich dir diese Fragen stelle. Das ist beabsichtigt.

Sich diesen Fragen zu stellen, erfordert Mut und Selbstkritik - doch es ist der einzige Weg, sich weiterzuentwickeln. Ich habe noch mehr davon: Achtest du darauf, wer dich umgibt? Sind die Menschen in deinem Umfeld diejenigen, die dich bei deinen Vorhaben, Ideen und Träumen inspirieren, unterstützen und voranbringen? Oder halten sie dich – bewusst oder unbewusst – zurück, weil sie an dir zweifeln oder dich infrage stellen?

Das eigene Umfeld, die engsten Menschen um dich herum, prägt deinen Erfolg und deine Grundeinstellung zum Leben. Was glaubst du, wie unsere Zukunft aussehen würde, wenn wir nie etwas veränderten? Wenn wir alles beim Alten ließen? Würde uns das persönlich oder geschäftlich weiterbringen – oder würden wir stagnieren, gefangen in einem Kreislauf aus Wiederholung und Stillstand? Die Bereitschaft zur Veränderung ist der erste Schritt in eine bessere Zukunft.

Lass mich dir eine Geschichte erzählen:[30]

Es war einmal ein alter, weiser Meister, zu dem viele Menschen pilgerten, um Rat und Hilfe zu suchen. Eines Tages kam ein Mann zu ihm, der unzufrieden und verbittert über sein Leben war. Er klagte darüber, dass die Welt ungerecht sei, dass die Menschen um ihn herum egoistisch seien und dass er nicht das Leben führen könne, das er sich wünsche.

Der weise Meister führte den Mann wortlos zu einem großen Spiegel.

»Schau in diesen Spiegel,« sagte er. »Was siehst du?«

»Ich sehe mich selber,« antwortete der Mann.

Daraufhin nahm der Meister einen kleinen Stein und warf ihn gegen den Spiegel, der in tausend kleine Scherben zersplitterte. »Und was siehst du jetzt?« fragte er nun.

»Nur noch Scherben,« erwiderte der Mann.

Der Meister nickte und sagte: »So ist es auch in deinem Leben. Wenn du nur auf das Äußere schaust, wirst du überall Zersplittertes und Unvollkommenes sehen. Doch so wie dieser Spiegel zerbrochen ist, so kann auch dein Blick auf die Welt trügerisch und unvollständig sein. Die Welt ist ein Spiegel deines Inneren. Wenn du Frieden, Liebe und Erfüllung suchst, musst du zuerst in dir selbst danach suchen. Der Spiegel zeigt dir nur das, was du ihm gibst.«

Der Mann erkannte, dass die Unzufriedenheit, die er in der Welt sah, eigentlich tief in ihm selbst verwurzelt war. Der Meister lehrte ihn, dass Veränderung nicht im Äußeren beginnt, sondern im Inneren. Erst als der Mann verstand, dass er in sich selbst Frieden finden und sich auf das Positive konzentrieren musste, begann sich auch die Welt um ihn herum zu wandeln.

---

30 Diese Geschichte basiert auf einer weit verbreiteten Weisheit aus der Zen-Buddhismus-Tradition, die den Fokus auf innere Veränderung und Selbstreflexion legt. Vgl. Suzuki, S. (1970). Zen Mind: Beginner's Mind, Shambhala, Colorado, Vereinigte Staaten.

Kannst du dich an das Zitat aus dem ersten Kapitel erinnern?

»Achte auf deine Einstellung, denn sie beeinflusst deine Gedanken.
Achte auf deine Gedanken, denn sie beeinflussen deine Emotionen.
Achte auf deine Emotionen, denn sie beeinflussen deine Worte.
Achte auf deine Worte, denn sie werden zu deinen Taten.
Achte auf deine Taten, denn sie werden zu deinen Gewohnheiten.
Achte auf deine Gewohnheiten, denn sie formen deinen Charakter.
Achte auf deinen Charakter, denn dieser bestimmt dein Schicksal und dein Karma.«

Als ich diese Worte zum ersten Mal las, schrieb ich sie mir auf, damit ich sie immer wieder zur Hand nehmen und lesen konnte. Das empfehle ich dir auch, denn diese Sätze haben eine Kraft, auf die ich in diesem Kapitel genauer eingehen möchte. Über die Bedeutung der richtigen Einstellung habe ich bereits geschrieben. Nun möchte ich auf Gedanken und Gefühle eingehen.

Gedanken formen unsere innere Welt und steuern, wie wir auf das Leben reagieren.

Im Jahr 2005 veröffentlichte die National Science Foundation einen Artikel über die Forschung zu menschlichen Gedanken pro Tag.[31] Der durchschnittliche Mensch hat etwa 12.000 bis 60.000 Gedanken pro Tag. Davon sind 95 Prozent genau dieselben sich wiederholenden Gedanken wie am Tag zuvor, und etwa 80 Prozent sind negativ. Das kannst du durchbrechen, denn positive Gedanken bringen konstruktive Emotionen mit sich, während negative Gedanken Emotionen wie Wut, Angst oder Zweifel schüren. Die Frage ist also: Wie können wir lernen, unsere Gedanken zu lenken, um damit auch unsere

---

31 Akademie für Neuromentaltraining (2020). Denken und Neuroplastizität. https://www.neuromentaltraining.com/neuro-blog/neuroplastizitaet-denken-gehirn/; besucht am 08.04.2025.

Emotionen unter Kontrolle zu halten? Wie reagieren wir, wenn starke Emotionen wie Wut oder Angst aufkommen? Das kann jederzeit und unerwartet passieren – oft sogar ohne großen Anlass. Die Kunst besteht nicht darin, diese Emotionen zu unterdrücken, sondern angemessen darauf zu reagieren.

Du kennst sicher Situationen, in denen du plötzlich wütend wurdest und Dinge gesagt hast, die du eigentlich nicht sagen wolltest. In diesen Momenten hat die Wut die Weisheit in dir verdrängt. Du konntest deine Reaktion nicht mehr steuern. Sie brach einfach aus dir heraus. Um das zu verstehen, stell dir vor, wie dein Gehirn in Momenten intensiver Emotionen funktioniert: Bei starker Wut oder emotionaler Aufregung übernimmt die Amygdala – das Zentrum für emotionale Reaktionen – die Kontrolle. Gleichzeitig wird der präfrontale Kortex, der für rationales Denken verantwortlich ist, verdrängt.

Studien zeigen, dass diese sogenannten »Amygdala-Hijack«-Zustände die Fähigkeit, rational zu denken und gute Entscheidungen zu treffen, erheblich beeinträchtigen. Es ist, als würde das Gehirn in solchen Momenten auf Sparflamme laufen.[32] Die Entscheidungsfähigkeit wird messbar schlechter, was dazu führt, dass wir impulsiv handeln und Dinge sagen, die wir später bereuen.

Vielleicht hast du schon gehört, dass man lernen kann, in solchen Situationen rational zu bleiben und besonnen zu reagieren. Das bedeutet, Emotionen zunächst zu erkennen und sich bewusst Zeit zu nehmen, um zur Rationalität zurückzukehren – erst dann reagieren: etwas sagen, Entscheidungen treffen oder Gespräche fortsetzen. Dieser kurze Moment des Innehaltens kann entscheidend sein.

Doch es geht nicht nur darum, die eigenen Emotionen zu kontrollieren. Ebenso wichtig ist es, in der Kommunikation mit anderen wahrzunehmen, wie sie sich gerade fühlen. Reagiert jemand emotional, hilft es zu verstehen, dass Worte in solchen Momenten oft nicht so gemeint sind, wie sie gesagt werden. Dieses Bewusstsein gibt uns die Fähigkeit, gelassen und überlegt zu reagieren, anstatt selbst

---

32 Goleman, D. (1995). Emotionale Intelligenz: Warum sie mehr zählt als der IQ, Droemer Verlag, München.

emotional zu werden. Als ich das erkannte und verinnerlichte, wurde ich gelassener.

Es ist erstaunlich, wie stark Gedanken die Emotionen beeinflussen. Sobald wir verstehen, dass wir sie steuern können und immer die Wahl haben, ob wir ein Gefühl verstärken oder abmildern, gewinnen wir Kontrolle über unsere innere Welt. Das klingt abstrakt, aber indem wir unsere Gedanken bewusst in eine positive Richtung lenken, nehmen wir sofort positiven Einfluss auf unsere Emotionen. Konkret heißt das, anstatt uns von Wut, Angst oder Frustration überrollen zu lassen, könnten wir innehalten und bewusst entscheiden, ob wir diesen Gefühlen Raum geben oder nicht. Mit etwas Übung kann man negative Emotionen mit positiven Gedanken beruhigen – und den Verstand wieder einschalten.

Dieses Wissen gibt Macht: Wir brauchen nicht mehr Opfer unserer Gefühle sein. Es liegt an uns zu entscheiden, wie wir reagieren möchten. Ja, das erfordert Übung. Aber wenn wir es schaffen, unsere Gedanken in eine positive Richtung umzulenken, folgen unsere Emotionen – und damit auch unser Verhalten.

Stell dir das so vor: Zwischen einer Aktion oder einem Reiz – also dem Moment, in dem etwas passiert oder jemand etwas Provokatives sagt – und der Reaktion darauf, gibt es bei jedem Menschen einen »Raum«. Wie wir diesen Raum füllen, entscheidet darüber, wie wir auf das reagieren, was uns widerfährt.[33]

Choleriker zum Beispiel haben einen sehr kleinen Raum zwischen Aktion und Reaktion. Sie neigen dazu, spontan und impulsiv zu reagieren – meist sehr emotional und ohne nachzudenken. Das könnten sie ändern, denn dieser Raum lässt sich vergrößern - mit Übung und der richtigen Strategie. Wer das verinnerlicht, kann diesen Raum gezielt nutzen und sich das Leben dadurch erheblich einfacher machen. Eine Möglichkeit, diesen Raum zu vergrößern, ist, sich bewusst

---

33 Dieses Konzept des »Raums zwischen Reiz und Reaktion« wurde von Viktor Frankl formuliert, der die Bedeutung dieses Raums für persönliche Freiheit und bewusste Reaktion hervorhebt. Vgl. Frankl, V. E. (1946). … trotzdem Ja zum Leben sagen: Ein Psychologe erlebt das Konzentrationslager. Deuticke, Wien.

Zeit zu verschaffen, um zu überlegen: »Wie möchte ich auf diese Situation reagieren?« Anstatt sofort von den Emotionen überwältigt zu werden, könnten wir innehalten, ein paar tiefe Atemzüge machen und damit den Impuls kontrollieren, unüberlegt zu handeln.

Es ist eine Technik. Je mehr man sie übt und anwendet, desto größer wird der Raum zwischen Reiz und Reaktion. Mit der Zeit kann man emotional herausfordernde Situationen mit mehr Gelassenheit und Klarheit meistern. Dieser vergrößerte Raum schenkt einem die Fähigkeit, weise zu entscheiden, anstatt reflexartig zu reagieren.

Bessere Business-Entscheidungen treffen

Besonnen reagieren zu können, ist im Business eine Fähigkeit, die dich in vielen Situationen weiterbringt. Stell dir vor, du bist in einer Verhandlung. Dein Gegenüber macht dir ein Angebot, das du als unverschämt empfindest. Sofort steigt Wut in dir hoch. Dein erster Impuls: das Angebot kategorisch abzulehnen oder die Verhandlung abrupt zu beenden. Doch was würde passieren, wenn du in diesem Moment nicht emotional, sondern rational reagierst? Wenn du den Raum zwischen dem Reiz, der dich wütend macht, und deiner Reaktion bewusst nutzt?

Wie kannst du das machen? Du spürst die Wut aufsteigen, sagst aber nichts. Stattdessen machst du eine kurze Pause, trittst innerlich einen Schritt zurück und überlegst: »Was wäre jetzt die beste Antwort, um das Maximum aus dieser Verhandlung zu holen?« Dein Gegenüber interpretiert diese Pause nicht als Schwäche, sondern als Konzentration und Nachdenken – vielleicht fühlt er sich dadurch sogar wertgeschätzt.

Wer weiß, welche neuen Wege sich eröffnen, wenn du sachlich bleibst und das Gespräch fortführst, anstatt es wütend zu beenden? Gerade in Verhandlungen und bei wichtigen Business-Entscheidungen bist du im Vorteil, wenn du die Kontrolle über deine Emotionen behältst. Dein Verstand steht in jedem Moment an erster Stelle. Damit triffst du garantiert langfristig die besten Entscheidungen und erzielst die besten Ergebnisse.

Unkontrollierte Gefühle spielen in Partnerschaften eine große Rolle – egal ob im Businesskontext oder im Privatleben. Wie leicht sagt man in hitzigen Diskussionen oder Streitgesprächen Dinge, die man später bereut? Angenommen, du gerätst in einen Streit mit deinem Lebenspartner oder deiner Lebenspartnerin, deinem besten Freund oder deiner besten Freundin, deinen Kindern oder Eltern. Du oder sie fühlen sich missverstanden. Nicht wahrgenommen. Der erste Impuls könnte sein, Vorwürfe zu machen oder mit scharfen Worten zu reagieren. Doch wenn du es schaffst, innezuhalten und den Raum zwischen Reiz und Reaktion zu vergrößern, hast du die Chance, diplomatischer, verständnisvoller und vor allem klüger zu reagieren.

Anstatt emotional und aufbrausend zu werden, könntest du versuchen, Verständnis für die Perspektive deines Gegenübers zu zeigen und die Diskussion auf eine konstruktive Ebene zu lenken. Dieser imaginäre innere Raum gibt dir in allen Lebensbereichen – in jeder Interaktion und Kommunikation mit anderen Menschen – die Möglichkeit, bei dir zu bleiben: empathisch, achtsam und respektvoll. So kannst du die Verbindung zu deinem Gegenüber stärken, anstatt sie durch impulsive Reaktionen zu belasten oder gar zu zerstören.

Darum lohnt es sich, an diesem Raum zu arbeiten und ihn bewusst zu vergrößern. Dann kannst du in jeder Situation darauf zugreifen. Ich garantiere dir, du wirst anders in Gespräche gehen und plötzlich viel bewusster wahrnehmen, wie oft Menschen emotional reagieren, ohne die Konsequenzen ihrer Worte oder Handlungen zu überdenken.

Wenn du jedoch bewusst steuern kannst, wie du reagierst, geduldiger und gelassener bleibst, wirst du viele Konflikte entschärfen, bevor sie eskalieren. Wenn du also beim nächsten Streit bedacht reagierst, zeigst du durch diese Selbstkontrolle innere Stärke. Eine Stärke, die in den unzähligen Alltagssituationen hilfreich ist, die uns täglich herausfordern:

- Die Post kommt nicht rechtzeitig an.
- Der Autofahrer vor dir fährt viel zu langsam.
- Die eigenen Kinder testen immer wieder deine Geduld.

Es sind oft die kleinen Dinge im Alltag, die unseren Geduldsfaden strapazieren und uns emotional reagieren lassen. Wer das in diesen Momenten kontrollieren kann, ist klar im Vorteil. Ein altes deutsches Sprichwort sagt: »Reden ist Silber, Schweigen ist Gold.« Nicht immer liegt die Kraft in gesprochenen Worten, sondern oftmals im Schweigen. Schweigen kann den Raum zwischen Reiz und Reaktion nicht nur vergrößern, sondern gibt dir Zeit, das Gehörte oder Gesagte zu verarbeiten und zu verstehen. Das ist wichtig – auch dann, wenn es gar keinen Konflikt gibt. Zwischendurch einfach mal den Redeschwall zu stoppen und die Kraft der Pause zu nutzen, ist vor allem in Verhandlungen klug. Es gibt Situationen, in denen Schweigen der bessere Weg ist:

- Wenn alle Argumente gesagt wurden.
- Wenn eine (Kauf-)Entscheidung getroffen werden soll
- Wenn es taktisch klüger ist, nicht alle Karten auf den Tisch zu legen.

Zu schweigen bedeutet nicht, nichts mehr zu sagen zu haben, sondern vielmehr, einen Moment lang Gesagtes zu reflektieren oder die Situation zu analysieren und zu bewerten, bevor das Gespräch oder die Verhandlung weitergeht.

Gedanken und Gefühle manifestieren unsere Handlungen

Kommen wir nun von der Bedeutung unserer Einstellungen, Gedanken, Emotionen und Worte zu unseren Taten.[34] Alles, was wir denken und fühlen, manifestiert sich schließlich in unseren Handlungen. Gedanken mögen der Anfang sein, doch erst die Taten geben ihnen Gewicht und Form. Es sind die konkreten Handlungen, die unsere Ziele in die Realität umsetzen und unser Leben gestalten. Auch hier gibt es ein altes Sprichwort, diesmal von Mark Twain: »Taten sprechen lauter als Worte.«[35] Erst wenn wir ins Handeln kommen, können wir unsere Wünsche, Träume und Ziele verwirklichen. Doch was sind Taten, und wie können wir sicherstellen, dass sie im Einklang mit unseren Gedanken und Emotionen stehen, um das gewünschte Ziel zu erreichen?

»Wenn du arm geboren wirst, ist es nicht deine Schuld. Aber es ist deine Schuld, wenn du arm stirbst.«[36] Dieses Zitat bringt die Verantwortung für aktives Handeln auf den Punkt. Es soll uns bewusst machen, dass wir die Umstände, in die wir hineingeboren werden, nicht kontrollieren können. Doch wohin wir uns im Laufe unseres Lebens entwickeln und was wir daraus machen, liegt in unserer Hand. Unsere Taten – sei es in Bezug auf den beruflichen Werdegang, unser

---

34 Die Idee, dass unsere Gedanken und Gefühle letztlich in unseren Handlungen manifestiert werden, wird auch in der psychologischen Literatur immer wieder aufgegriffen. Vgl. Dweck, C. (2006). Mindset: The New Psychology of Success, Random House, New York City, Vereinigte Staaten.

35 Das Sprichwort »Taten sprechen lauter als Worte« wird oft Mark Twain zugeschrieben, allerdings ist die Herkunft nicht eindeutig belegt. Vgl. Bauern-Almanach, »Handlungen sprechen lauter als Worte – aber nicht so oft«, zitiert nach: https://www.umsetzungsberatung.de/service/zsuche.php?layout=druck&nr=&rubrik=; besucht am 08.05.2025.

36 Das Zitat »Wenn du arm geboren wirst, ist es nicht deine Schuld. Aber es ist deine Schuld, wenn du arm stirbst.« wird häufig Bill Gates zugeschrieben, allerdings ist die Herkunft nicht eindeutig belegt; zitiert nach: https://www.pinterest.com/pin/773352567253626974/; besucht am 08.04.2025.

finanzielles Verhalten oder unsere persönliche Entwicklung – bestimmen, wohin unser Leben führt. Jeder Schritt, jede Entscheidung und jede Handlung trägt zu unserem Erfolg oder Misserfolg bei. Es ist also nicht entscheidend, wie die Ausgangsbedingungen sind. Es zählt nur, was wir daraus machen. Mit anderen Worten: Es reicht nicht, zu träumen oder theoretisch zu planen. Veränderung kommt nur, wenn wir handeln. Ich selbst bin nicht durch ein paar wenige oder gar großartige Aktionen dahin gekommen, wo ich heute stehe. Es waren viele kleine, kontinuierliche Aktivitäten, die mich vorangebracht haben - Tag für Tag, Woche für Woche, Monat für Monat. Jede einzelne mag für sich genommen unscheinbar sein, doch in ihrer Gesamtheit haben sie mein Leben grundlegend verändert. Über Jahre hinweg habe ich mich immer wieder neu entschieden, was zu tun ist, um etwas Großem entstehen zu lassen.

Beim Schreiben dieses Buches war es nicht anders. Kein großer, erleuchtender Moment, der alles auf den Punkt brachte. Nein, es war Schritt für Schritt, Tat für Tat, manchmal mühsam. Aber am Ende ist daraus – wie du siehst - ein wertvolles Buch mit all meinen Erfahrungen und Entwicklungen auf meinem Weg vom Fließbandarbeiter zum erfolgreichen Immobilienunternehmer entstanden. So funktioniert Erfolg: Du arbeitest jeden Tag an deinen Zielen, machst kleine Fortschritte, und irgendwann erkennst du, dass du aus diesen vielen kleinen Puzzleteilen, aus jeder einzelnen Tat, etwas Großes gemacht hast. Ich möchte diese magischen Momente nicht mehr missen.

Es sind auch die täglichen kleinen wie großen Entscheidungen, die langfristig zum Erfolg führen. Es ist einfach, von großen Träumen zu sprechen oder sich große Ziele zu setzen - doch wahr werden sie nur durch stetige, konsistente Taten. Manchmal unterschätzen wir die Bedeutung der einzelnen Schritte, die wir täglich gehen, weil sie scheinbar so klein und unbedeutend sind.

Doch genau darin liegt die Magie. Man sollte sich immer wieder bewusst machen: Jeder noch so kleine Schritt, jede Entscheidung, jede Handlung baut aufeinander auf. Wenn man diesen Weg konsequent geht, entstehen daraus Dinge, die man sich anfangs vielleicht noch nicht einmal vorstellen konnte. Es ist die Kraft der Kontinuität und Disziplin, die es möglich macht, Großes zu erreichen. Diese sich regelmäßig wiederholenden Taten werden schließlich zu Gewohnheiten. Anfangs mag es noch Anstrengung erfordern, sich jeden Tag für den nächsten kleinen Schritt zu entscheiden, doch mit der Zeit wird daraus Routine.

Was zu Beginn schwerfällt, wird irgendwann zu einem festen Bestandteil des Alltags, den du mit Leichtigkeit bewältigst. Denke an das Zitat: »Unsere Handlungen formen unsere Gewohnheiten.« Gewohnheiten haben eine immense Macht. Sie definieren, wer wir sind. Sie sind es, die uns entweder voranbringen oder stagnieren lassen. Wer jeden Abend auf der Couch vor dem Fernseher sitzt, wird dort keine großen Ziele erreichen. Allein wenn du es schaffst, jeden Tag eine produktive Tat zu vollbringen und das zur Gewohnheit werden lässt, legst du die Grundlage für dauerhaften Erfolg.

Positive Gewohnheiten geben Struktur, Stabilität und die Fähigkeit, auch in schwierigen Zeiten weiterzumachen. Es ist wichtig zu verstehen, dass alles, was wir tun – so klein es auch sein mag – den Samen für eine zukünftige Gewohnheit pflanzt. Wenn diese Gewohnheiten erst einmal Teil unseres Lebens sind, tragen sie uns weiter, auch wenn es schwerfällt oder das Ergebnis nicht sofort sichtbar ist. Das gilt für viele Bereiche des Lebens:

- Wer sich selbst jeden Tag dazu verpflichtet, auch nur zwanzig Minuten Sport zu machen, wird schon nach kurzer Zeit feststellen, dass der Körper fitter wird. Das Training wird zur Selbstverständlichkeit.
- Wer bewusst und gesünder isst, wird bald mehr Energie und Wohlbefinden spüren. Anfangs mag es schwerfallen, auf ungesunde Gewohnheiten zu verzichten, doch mit der Zeit wird es zur Normalität.
- Wer sich täglich ein wenig Zeit für Lernen und Weiterbildung nimmt, wird sich innerhalb weniger Monate ein enormes Wissen aneignen.

Alles basiert auf der Summe vieler einzelner, kleiner Schritte.

Genauso wichtig wie das Schaffen neuer, positiver Gewohnheiten ist es, bestehende Routinen zu hinterfragen. Nur so kannst du erkennen, welche dich eher ausbremsen – und wie du durch deren Veränderung mehr Zeit und Lebensqualität gewinnen kannst.

Eine der häufigsten Ausreden, die ich in Gesprächen höre, lautet: »Ich habe keine Zeit.« Aber stimmt das wirklich? Wir alle haben die gleiche Anzahl an Stunden pro Tag zur Verfügung. Die Wahrheit ist, dass viele Menschen ihre Zeit nicht bewusst nutzen, sondern sie mit unproduktiven Dingen vergeuden – sei es am Handy, vor dem Fernseher oder mit Ablenkungen, die ihnen nichts bringen. Ich kenne das von mir selbst – ein Thema, an dem ich lange gearbeitet habe. Heute hat sich meine Einstellung dazu geändert: Wenn ich mich entscheide, fernzusehen, dann muss es für mich einen echten Mehrwert haben – sei es für meine persönliche oder berufliche Entwicklung.

An dieser Stelle fällt mir die Frage ein: »Warum gibt es keine Lamborghini-Werbung?« Ganz einfach: Menschen, die sich einen Lamborghini leisten können, schauen kein Fernsehen. Sie investieren ihre Zeit anders. Besser. Nutzbringender. Erfolgreiche Unternehmer verbringen ihre Abende selten damit, sich vom TV berieseln zu lassen. Stattdessen nutzen sie diese Zeit sinnvoll und machen Dinge, wie Neues zu lernen, an ihrem Unternehmen zu arbeiten, persönliche Beziehungen zu pflegen oder gute Gespräche zu führen. Es geht darum, bewusst zu entscheiden, wie wir unsere Zeit nutzen.

Sehen wir Zeit als Investition in uns selbst oder als Verbindlichkeit? Unter »Verbindlichkeiten« verstehe ich Gewohnheiten oder Aktivitäten, die wir unbewusst ausführen, weil sie bequem oder zur Routine geworden sind, uns jedoch langfristig eher ausbremsen. Zum Beispiel: Stundenlanges Fernsehen kann eine Verbindlichkeit sein, wenn es lediglich als passiver Zeitvertreib dient, ohne uns einen echten Nutzen zu bringen.

Am Ende läuft es darauf hinaus, dass jede Entscheidung, jede Handlung entweder eine Investition oder eine Verbindlichkeit ist. Investierst du in deine Gesundheit, in deine Weiterbildung, in deine Fähigkeiten? Oder verschwendest du deine Zeit und Energie an Dinge, die dich nicht weiterbringen? Wenn du das ab jetzt bewusst unterscheidest, wirst du feststellen, dass deine Zeit wertvoller ist, als du bislang dachtest - und du viel mehr unternehmen kannst, weil du sie nicht mehr verschwendest.

An dieser Stelle möchte ich dir das Buch von Brian Tracy, »Millionenschwere Gewohnheiten« empfehlen.[37] Tracy zeigt eindrucksvoll, wie entscheidend die täglichen Gewohnheiten für den langfristigen Erfolg sind. Er legt dar, dass es nicht die einmaligen, großen Entscheidungen sind, die uns reich, gesund oder erfolgreich machen - sondern die Kontinuität in den Handlungen, die wir täglich wiederholen. Das Buch begleitet seine Leser dabei, Gewohnheiten zu entwickeln, die langfristig zu Wohlstand, Erfolg und persönlicher Erfüllung führen. Tracy beschreibt praxisnah, wie man Gewohnheiten aufbaut, die produktiver und zielführender sind, und zeigt, wie man negative Gewohnheitsmuster durchbricht. Seine Ratschläge lassen sich auf viele Lebensbereiche übertragen - von der Karriere über Finanzen bis hin zur persönlichen Weiterentwicklung. Wenn du also tiefer in dieses Thema eintauchen möchtest, ist sein Buch eine ausgezeichnete Ressource, um deine Gewohnheiten bewusster zu gestalten und gezielt in deine Zukunft zu investieren.

Wie du siehst, gibt es zu fast jedem Thema ein Buch. Alle bieten wertvolle Einsichten und Methoden, um bestimmte Bereiche des Lebens zu verbessern. Ich hoffe, dass ich dich etwas motivieren konnte, deine eigenen Gewohnheiten und Denkweisen zu hinterfragen. Alles geschieht aus einem bestimmten Grund - auch dass du dieses Buch gerade in den Händen hältst. Es wird sicherlich Einfluss auf verschiedene Bereiche in deinem Leben nehmen.

---

37 Dieses Buch von Brian Tracy, Millionenschwere Gewohnheiten, verdeutlicht, wie wichtig tägliche Gewohnheiten für den langfristigen Erfolg sind. Vgl. Tracy, B. (2019). Millionenschwere Gewohnheiten, GABAL Verlag, Offenbach am Main.

Buchempfehlungen zum Thema Mindset wie zum Beispiel von Brian Tracy findest du hier:

https://www.galecki-powerkids.de/ressourcenliste/buecher#mindset

Abschließend ein Zitat von Aristoteles: »Wir können den Wind nicht ändern, aber die Segel anders setzen.«[38] Das bringt es auf den Punkt. Es erinnert uns daran, dass wir die äußeren Umstände oder den Lauf des Lebens nicht immer beeinflussen können. Doch was wir steuern können, ist die Art und Weise, wie wir darauf reagieren. Wir haben die Macht, unsere »Segel« - also unsere Gedanken, Emotionen, Gewohnheiten und Taten - so zu setzen, dass wir trotz widriger Winde vorankommen und nicht kentern. Es liegt in unserer Hand, das Beste aus jeder Situation zu machen und unseren eigenen Kurs zu bestimmen.

38 Dieses Zitat wird oft Aristoteles zugeschrieben, wobei die genaue Herkunft umstritten ist. Vgl. Larena-Avellaneda, A. (2023). »Wir können den Wind nicht ändern, aber die Segel anders setzen.« Gefäßchirurgie, Springer Medizin, https://link.springer.com/article/10.1007/s00772-023-01028-x; besucht am 08.04.2025.

Kapitel 10
Die Größe deines Erfolges messen

Erfolg ist ein relativer Begriff.
An welchen Indikatoren können wir die Größe unseres Erfolges im Leben messen?

1. Größe der eigenen Ziele

Der erste Indikator ist die Größe unserer Ziele. An dieser Stelle dürfen wir – ohne jegliche Zurückhaltung – sehr groß denken. Wenn ich über Ziele spreche, geht es mir darum, Klarheit darüber zu gewinnen, was ich im Leben erreichen will. Ziele sind der Kompass, der dir eine Richtung vorgibt und hilft, den für dich richtigen Weg zu navigieren.

Zuerst möchte ich auf eine notwendige Begriffsdefinition eingehen: Es ist wichtig, den Unterschied zwischen Wünschen und echten Zielen zu verstehen. Wünsche sind vage und unverbindlich. Ich glaube, jeder von uns wünscht sich Glück, Wohlstand oder Erfolg. Aber Wünsche allein bringen uns nicht weiter. Sie sind wie Wolken am Himmel, die jederzeit weiterziehen und sich auflösen können. Ein Ziel dagegen ist ein klarer, festgelegter Punkt, auf den wir hinarbeiten. Möchten wir ein harmonischeres Leben führen, tiefere Beziehungen zu unseren Partnern und Kindern eingehen, wertvolle Freundschaften und ein unterstützendes Umfeld aufbauen, Gutes tun oder finanziell besser dastehen? Vielleicht streben wir auch danach, gesünder zu leben. All dies sind Ziele, die wir uns setzen können. Träume, die es wert sind, verfolgt und real umgesetzt zu werden. Nicht umsonst gibt es den Spruch: »Erfolg tritt ein, wenn deine Träume größer sind als deine Ausreden.« Dieser Satz ist ein Leitmotiv, das daran erinnern soll, dass es nicht der fehlende Wille oder die Umstände sind, die uns scheitern lassen, sondern die eigene fehlende Bereitschaft, konsequent und mit Disziplin an unseren Zielen zu arbeiten.

Meine Ziele haben sich in den letzten Jahren stark weiterentwickelt. Früher, ohne das Wissen, das ich heute habe, war mir nicht bewusst, was ich alles erreichen kann. Doch jetzt weiß ich: Alles ist möglich! Diese Erkenntnis ist das Ergebnis meiner kontinuierlichen Aneignung von Wissen und Erfahrungen. Es ist zutiefst erfüllend, mein eigenes Leben aktiv zu gestalten und meine Ziele in die Realität umsetzen zu können. Nun, da wir die Richtung kennen, dürfen wir uns als Nächstes über unsere Motive klarwerden.

2. Das Motiv – unser »Warum«

Hinter jedem Ziel sollte ein starkes Motiv stehen – das Warum. Es ist die treibende Kraft, die dich morgens aus dem Bett holt, der Motor, der dich durch anstrengende oder schwierige Zeiten trägt. Antworten auf Fragen wie: »Warum will ich das erreichen?« und »Was wird sich in meinem Leben ändern, wenn ich es geschafft habe?« sind Schlüsselfaktoren, um die Energie und den Willen zu mobilisieren, die du brauchst, um große Ziele zu verfolgen.

3. Werkzeuge, die unterstützen

Mit den Werkzeugen, die dieses Buch vermittelt, lernst du, wie du mit den unvermeidlichen Enttäuschungen und Problemen umgehst, die dir auf dem Weg zu deinen Zielen begegnen. Es geht darum, die Kraft des unbezwingbaren Willens zu entwickeln. Das Ziel und das Motiv sollten so groß sein, dass im Verhältnis dazu Probleme und Herausforderungen klein erscheinen. Diese Schritte führen garantiert zum Erfolg – in jeder Situation des Lebens.

Stelle dir Erfolg wie ein Auto vor: Ein Auto besteht aus vielen Einzelteilen. Jedes davon spielt eine Rolle, damit es einwandfrei funktioniert. Der Motor liefert die Kraft, die Räder ermöglichen die

Bewegung, das Lenkrad gibt die Richtung vor, die Bremsen sorgen für Kontrolle, und das Navigationssystem zeigt dir den Weg zum Ziel. Doch was passiert, wenn eines dieser Teile plötzlich nicht mehr funktioniert? Es genügt schon ein kleiner Defekt, sei es ein kaputter Reifen, ein Problem im Getriebe oder fehlendes Öl – und das Fahrzeug bleibt stehen.

Genauso verhält es sich mit Leben und Erfolg: Jedes einzelne Element, sei es Disziplin, Ziele und Motivation, unser Glaube an uns selbst oder die Fähigkeit, aus Rückschlägen zu lernen, ist entscheidend dafür, ob wir vorwärtskommen oder stehenbleiben. Wenn nur ein Teil ausfällt oder wir einem Problem nicht die nötige Aufmerksamkeit schenken, wird der gesamte Fortschritt aufgehalten.

Ebenso wie ein Auto regelmäßige Wartung und Pflege braucht, um reibungslos zu laufen, so müssen wir auch in unser Leben und unseren Erfolg investieren. Es erfordert Selbstreflexion, Lernen aus Fehlern und die Bereitschaft, uns kontinuierlich zu verbessern. Wenn wir all diese Aspekte berücksichtigen, bleibt unser »Lebensauto« nicht nur in Bewegung, sondern es fährt zügig und störungsfrei auf der Autobahn des Lebens. Wir können die linke Spur nehmen, die Schnellspur, um unsere Karriere voranzutreiben, unsere Finanzen und Träume zu verfolgen, neue Fähigkeiten wie das Verkaufen zu erlernen und Wissen anzusammeln. Das alles stärkt das Fundament unseres Erfolgs. Doch genauso wichtig ist es, auch mal die rechte Spur zu wählen, langsamer zu fahren, um Zeit für Familie, Liebe, Beziehungen, Erziehung und Gesundheit zu haben.

Die wahre Kunst des Lebens besteht darin, nicht nur auf einer Spur zu fahren, sondern alle Spuren der Autobahn zu nutzen, je nachdem, was gerade Priorität hat. Ausgenommen ist die Standspur, denn sie steht für Stillstand – für das Verharren in Ausreden und Untätigkeit. Geisterfahrer, die in die falsche Richtung fahren, sollten sich fragen, wie sie wieder die richtige Richtung einschlagen können. Menschen, die sich ausschließlich auf den Erfolg ihrer Karriere konzentrieren, vernachlässigen meistens die anderen Fahrspuren des Lebens. Doch um wirklich erfolgreich zu sein, sollte man die Fähigkeit entwickeln, alle Aspekte zu balancieren – sowohl den beruflichen als auch den persönlichen Erfolg. Wie das geht, habe ich ausreichend beschrieben und möchte noch einmal einen Teil meines Lieblingszitats zur Erinnerung anführen:

»Achte auf deine Gewohnheiten, denn sie formen deinen Charakter. Achte auf deinen Charakter, denn er bestimmt dein Schicksal und Karma.«

Ohne Zweifel ist es der Charakter, der unser Schicksal formt. Gewohnheiten, Handlungen und Einstellungen sind die elementaren Bausteine, aus denen er geformt ist. Die Einstellungen haben jedoch oberste Priorität; sie sind das A und O, das immer wieder reflektiert und feinjustiert werden darf. Erfolg ist planbar. Wie Albert Einstein mit dem bereits erwähnten Ausspruch so treffend sagte:

»Ein Dummer mit einem Plan schlägt einen Schlauen ohne Plan.«

Diese Worte wollen verdeutlichen, dass es nicht nur auf Intelligenz und Talent ankommt, sondern darauf, einen klaren und durchdachten Plan zu haben und ihn konsequent zu verfolgen. Doch das reicht nicht ganz: Um ihn zu realisieren, um Träume zu verwirklichen, Ziele zu erreichen und immer auf der richtigen Spur des Lebens zu fahren, ist es notwendig, bereit zu sein, den Preis zu bezahlen. Den vollen Preis. Was bedeutet das? Der Preis, den es zu zahlen gilt, hat mehrere Gesichter und fordert uns in den verschiedenen Bereichen heraus:

1. Komfortzone verlassen

Um wirklich erfolgreich zu sein, müssen wir bereit sein, vertraute und bequeme Gewohnheiten hinter uns zu lassen. Das bedeutet, sich selbst herauszufordern, Neues zu wagen und Risiken einzugehen. Die oben bereits ausführlich beschriebene Komfortzone zu verlassen, den Raum, in dem wir uns sicher fühlen, erfordert Mut und den hohen Preis, uns in unsicheres Terrain zu begeben. Nur so können wir wachsen und Großes erreichen.

2. Geduld und Ausdauer

Erfolg kommt selten über Nacht. Der Weg ist lang und nicht selten steinig, soll heißen: mit Rückschlägen verbunden. Den Preis von Geduld und Durchhaltevermögen zu zahlen bedeutet, beharrlich an den eigenen Zielen festzuhalten, auch wenn es anstrengend wird und Rückschläge enttäuschend sind. Die Fähigkeit, nicht aufzugeben, sondern beharrlich weiterzumachen, ist ein wesentlicher Teil des eigenen Erfolges.

3. Auf kurzfristige Vergnügen verzichten

Als ich begann, habe ich zunächst auf Vieles verzichtet, denn es sind meist die kleinen Versuchungen, die uns vom Weg abbringen: ein bequemes Wochenende, eine Einladung zu einer Party oder ein Ausflug, der uns Zeit und Fokus raubt. Den Preis für Erfolg zu zahlen, bedeutet manchmal, auf diese kurzfristigen Vergnügen zu verzichten. Stattdessen die Zeit sinnvoll nutzen, indem langfristig gedacht, gelernt, gearbeitet und investiert wird.

4. Finanzielle Investitionen

Wenn es ausschließlich um beruflichen und unternehmerischen Erfolg geht, sind finanzielle Investitionen ein nicht zu unterschätzender Erfolgsfaktor. Ob in Form von Weiterbildung, Ressourcen für Projekte oder die langfristige Bereitstellung von Kapital – alles kostet und will investiert werden. Manchmal ist es nicht einfach und tut weh, diesen Preis in finanzieller Hinsicht zu zahlen, lange bevor man die Früchte der Bemühungen ernten kann.

5. Emotionale Belastbarkeit

Fast immer sind mit Erfolg auch Kritik, Rückschläge und Stress verbunden. Das ist eine emotionale Belastung, ein enormer Druck, den man bewältigen lernen muss, um nicht unterzugehen. Das bedeutet, man muss auch in schwierigen Zeiten einen klaren Kopf bewahren, darf Kritik nicht persönlich nehmen, sondern sollte sie als konstruktiv ansehen. Hier empfehle ich dir, den Glauben an dich selbst zu stärken und ihn niemals zu verlieren. Das bedeutet, sich selbst zu stabilisieren und positiv weiterzumachen, selbst wenn es gerade stürmisch ist. Wie du das machen kannst, hast du in den letzten Kapiteln bereits gelesen.

Die Kraft der Umsetzung

Je mehr du das bisher Gelesene und Gelernte in deinem Alltag verankerst, desto größer ist die Wahrscheinlichkeit, dass du genau das erreichst, was du erreichen möchtest. Doch all mein Wissen und meine Erfahrungen, die ich bis jetzt vermittelt habe, reichen nicht aus. Nur das, was du tatsächlich auf den Weg bringst, Schritt für Schritt, also das, was du tatkräftig umsetzt, bringt dir den gewünschten Erfolg. Nur wenn du das Gelernte in die Praxis überträgst und konsequent anwendest, kannst du deine Ziele erreichen. Sonst bleiben es Wünsche.

Alle erfolgreichen Menschen zeichnen sich nicht durch ihr Wissen aus, sondern dadurch, dass sie das Wissen aktiv nutzen und in die Tat umsetzen. Das TUN, die Umsetzung, ist der Schlüssel zum Erfolg – nichts anderes. Man kann – so wie ich – Hunderte Bücher über persönliche Weiterentwicklung gelesen oder unzählige Seminare besucht haben, ohne die konsequente Umsetzung bleibt der Effekt aus. Dann bleibt alles ein Traumschloss.

»Nur wer Wissen lebt, schafft nachhaltige Veränderungen.«

In der Vergangenheit habe ich beobachtet, dass viele Menschen zwar wissen, was zu tun wäre, es aber nicht tun. Es zu wissen und es dennoch nicht zu tun, ist wie es nicht zu wissen. Dann höre ich in Gesprächen: »Ja, das und das sollte ich tun.« Wie oft bleibt es bei diesen Worten? Hier zeigt sich der Unterschied zwischen Wissen und

Handeln: Wissen ist wert- und machtlos, wenn es nicht in die Tat umgesetzt wird. Ungenutztes, vergeudetes Potenzial.

Für mich habe ich das in einem Satz auf den Punkt gebracht: »Man ist nicht das, was man sagt, sondern das, was man tut.« Worte können so leicht daherkommen, doch wir definieren uns allein über unsere Taten. Durch sie entsteht Erfolg und Fortschritt, auch wenn das manchmal unbequem und herausfordernd ist. Wichtigster Faktor meines eigenen Vermögensaufbaus war – und ist es immer noch – die finanzielle Intelligenz. Damit meine ich auch das bereits beschriebene Verständnis darüber, wie das Thema Steuern zu handhaben ist. An dieser Stelle möchte ich auf Kapitel 3 verweisen: Steuern zu zahlen ist normal, doch wenn du verstehst, wie Steuern funktionieren, kannst du viel schneller Vermögen aufbauen.

Warum? Nicht allein, um Steuern zu sparen, um das Geld konsumieren zu können, sondern um diese Steuerersparnisse gezielt zu reinvestieren. Ich habe ausführlich beschrieben, wie das geht, und möchte das abschließend noch einmal in Erinnerung bringen. Mithilfe dieses Prinzips lässt sich in erstaunlich kurzer Zeit ein beachtliches Vermögen aufbauen.

Wie man Vermögen aufbaut

Reich werden nicht jene, die das höchste Einkommen erzielen, sondern diejenigen, die ihr Geld klug einsetzen und bleibenden Mehrwert schaffen. Viele Menschen erhöhen mit wachsendem Einkommen auch ihre Ausgaben – und bleiben so in einem ewigen Kreislauf des »Arbeitens für Geld« gefangen, den man auch »Zeit gegen Geld tauschen« nennt. Doch Vermögen entsteht nicht durch Konsum, sondern durch kluge Investitionen, die langfristig Werte schaffen.

Schau dir Elon Musk an: Sein Vermögen stammt nicht aus einem hohen Gehalt, sondern aus den bahnbrechenden Unternehmen, die er aufgebaut hat – Unternehmen, die Millionen von Menschen einen echten Mehrwert bieten. Ähnlich ist mein eigenes Vermögen nicht aus meinem Einkommen entstanden, sondern durch die

Immobilienwerte, die ich geschaffen habe. Es geht darum, etwas aufzubauen, das Bestand hat und wächst, anstatt nur kurzfristige Erträge zu erzielen. Wahre Vermögensbildung bedeutet, aus der dir zur Verfügung stehenden Summe Geld ein System zu entwickeln, das für dich arbeitet – sei es durch Immobilien, Unternehmen oder andere nachhaltige Investments. Wer das versteht und umsetzt, legt den Grundstein für echten Wohlstand und finanzielle Freiheit.

Bei allen genannten Punkten geht es mir nicht darum, sich moralisch angreifbar zu machen. Im Gegenteil: Jeder Mensch kann besser schlafen, wenn seine Konten gut gefüllt sind. Viele sagen, Geld macht nicht glücklich. Das stimmt, allein tut es das nicht. Aber Geld gibt uns mehr Freiheit und mehr Zeit für die wirklich schönen Dinge des Lebens. Ich habe immer fest an das geglaubt, was ich erreichen kann, und möchte dir nahelegen, diesen Glauben an dich selbst und deine Möglichkeiten strategisch zu entwickeln und kontinuierlich zu stärken. Stell dir vor, dass all die Werkzeuge und Erkenntnisse in diesem Buch einzelne Puzzleteile sind, die zusammen das große Bild deines persönlichen Erfolgs ergeben. Wie immer der für dich aussehen mag. Ja, es sind viele Teile, und für jedes gilt es, den richtigen Platz zu finden. Daran darfst du arbeiten. Aber die Mühe lohnt sich, selbst wenn es Jahre dauert. Darum: Gib nicht auf!

Abschließend möchte ich noch einmal auf den Glauben an sich selbst eingehen. Er ist die Basis, das Fundament für alles, was du dir wünschst. Lass mich in Form einer Geschichte verdeutlichen. Sie stammt aus einem wissenschaftlichen Experiment.[39] Wenn man Flöhe in ein Glas setzt und einen Deckel darauf macht, werden sie anfangs versuchen, herauszuspringen, prallen aber gegen den Deckel. Nach einer gewissen Zeit passen sie ihr Sprungverhalten an und springen nur noch so hoch, dass sie den Deckel nicht mehr berühren. Entfernt man dann den Deckel, springen die Flöhe trotz der offenen

39 Die Geschichte von den Flöhen, die sich aufgrund wiederholter Erfahrungen selbst begrenzen, wird häufig als Metapher für selbst auferlegte Einschränkungen verwendet. Vgl. Brand, C. (2021). »Höher springen als je zuvor.« Schweizer Monat, https://schweizermonat.ch/hoeher-springen-als-je-zuvor/; besucht am 08.04.2025.

Freiheit nicht mehr heraus – sie haben sich selbst begrenzt. Doch das Erstaunliche ist: Wenn man das Experiment von Anfang an ohne Deckel durchführt, lernen die Flöhe, immer höher zu springen – oft sogar über die Öffnung des Glases hinaus. Ohne äußere Begrenzung erleben sie ihr volles Potenzial und wachsen über sich selbst hinaus.

Dieses Verhalten zeigt sich auch bei Menschen: Wenn sie wiederholt scheitern oder ihnen von außen gesagt wird, dass sie etwas nicht können, beginnen sie, an sich selbst zu zweifeln und passen ihr Verhalten an. Selbst wenn später keine Barrieren mehr existieren, bleiben sie in ihren selbst gesetzten Grenzen gefangen. Die Botschaft? Die größte Begrenzung ist meist nicht die Realität, sondern der fehlende Glaube an das, was möglich ist. Wer sich erlaubt, größer zu denken und an sich und das eigene Potenzial glaubt, kann über sich hinauswachsen.

Diese Geschichte darf uns eine wertvolle Lehre sein: Wenn wir daran glauben, dass es eine Chance gibt und dass wir es schaffen können, haben wir auch die Kraft, durchzuhalten, mehr zu schaffen und zu ertragen, als wir es uns jemals hätten vorstellen können.

»Der Glaube an sich selbst ist der Motor, der uns durch schwierige Zeiten trägt, der Anker, der uns Halt gibt und hilft, Dinge zu erreichen, die anfangs noch unmöglich erscheinen.«

Schlusskapitel
Dein Schlüssel zur Zukunft

Dieses Buch hat dir gezeigt, dass Erfolg im Inneren beginnt, mit deinem Mindset und deinen Glaubenssätzen als Fundament. Deine Denkweise bestimmt, wie du Herausforderungen angehst, mit Rückschlägen umgehst und welche Ziele du dir setzt. Du hast gelernt, dass Resilienz, die Fähigkeit, aus Fehlern zu lernen, und der Glaube an deine eigene Entwicklung entscheidend sind. Dabei ist dein Umfeld von großer Bedeutung: Menschen, die dich inspirieren und unterstützen, sind der Schlüssel zu deinem persönlichen und beruflichen Wachstum.

Gleichzeitig hast du die »Spielregeln des Geldes« kennengelernt. Geld ist kein Selbstzweck, sondern ein Werkzeug, das dir Freiheit und Unabhängigkeit ermöglicht, die Freiheit, dein Leben nach deinen eigenen Vorstellungen zu gestalten. Doch finanzielle Freiheit erfordert das richtige Wissen, kluge Entscheidungen und die Bereitschaft, Verantwortung zu übernehmen.

Ein weiterer Baustein deines Erfolgs ist die Fähigkeit zu verkaufen – nicht nur Produkte oder Dienstleistungen, sondern vor allem den Mehrwert, den du anderen bieten kannst. Verkaufen bedeutet, die Bedürfnisse deiner Mitmenschen zu erkennen und ihnen Lösungen aufzuzeigen, die ihr Leben verbessern. Es geht nicht darum, andere von deinem Weg oder deinen Zielen zu überzeugen, sondern ihnen den Nutzen und die Chancen zu vermitteln, die sie durch deine Ideen, Visionen oder Angebote erhalten. Dabei sind Authentizität, Vertrauen und der Mut, sichtbar zu werden, entscheidend. Nur wenn du ehrlich und transparent kommunizierst, welchen Mehrwert du bietest, wirst du andere inspirieren und langfristige Beziehungen aufbauen.

Du hast erfahren, wie wirtschaftliche Zyklen funktionieren und warum erfolgreiche Menschen in Krisenzeiten nicht aufgeben, sondern Chancen nutzen. Ebenso hast du die Bedeutung von Fehlern erkannt: Sie sind keine Hindernisse, sondern Lernchancen, die dich weiterbringen. Wer sich traut, Fehler zu machen, wächst an ihnen und entwickelt die Fähigkeit, langfristig erfolgreich zu sein.

Die Kunst der Mitarbeiterführung spielt eine entscheidende Rolle, wenn du ein Unternehmen aufbauen oder im Team erfolgreich arbeiten möchtest. Erfolg entsteht durch Menschen, die sich wertgeschätzt fühlen und ihre Talente entfalten können. Führung bedeutet, andere zu inspirieren, Verantwortung zu übernehmen und gemeinsam an einer Vision zu arbeiten.

Schließlich hast du gelernt, dass deine Sicht auf die Welt durch deine innere Einstellung geprägt wird. Die Welt ist so, wie du bist. Sie spiegelt deine Gedanken, Emotionen und Überzeugungen wider. Indem du an dich selbst glaubst und optimistisch in die Zukunft blickst, öffnest du die Türen zu neuen Möglichkeiten.

Doch all dieses Wissen entfaltet seine Kraft erst dann, wenn du ins Handeln kommst. Dein Erfolg beginnt in dem Moment, in dem du deine Komfortzone verlässt, mutig Entscheidungen triffst und deine Ziele konsequent verfolgst.

Die Zukunft gehört dir – gestalte sie selbst!

Kann man in die Zukunft schauen? Ja, wenn man sie selbst formt. Der Schlüssel dazu liegt in deinem Denken und Handeln. Mein Motto lautet: Lernen – Anwenden – Weitergeben. Dieses Buch ist mein Beitrag, dir das nötige Wissen an die Hand zu geben. Nun liegt es an dir, es zu nutzen und weiterzugeben. Erzähle deiner Familie, deinen Freunden und Kollegen davon, teile deine Erkenntnisse und inspiriere andere, ebenfalls den Weg des Wachstums zu gehen. Wissen zu teilen bedeutet nicht nur, Gutes zu tun. Es festigt auch dein eigenes Verständnis. Jede Wiederholung verankert die Inhalte tiefer in deinem Bewusstsein.

Ein wertvoller Tipp: Lies dieses Buch mehrfach. Jedes erneute Lesen offenbart dir Details, die dir beim ersten Mal entgangen sind. Oft sind es genau diese Kleinigkeiten, die den größten Unterschied machen.

»Unser Charakter besiegelt unser Schicksal und Karma.«

Eine Vision für die Zukunft – Bildung neu denken

Dieses Buch ist mehr als eine Anleitung zum persönlichen Erfolg. Es ist ein Aufruf, größer zu denken, über das eigene Leben hinaus. Die Zukunft gehört unseren Kindern. Sie sind die Architekten von morgen, die Herausforderungen meistern und neue Wege beschreiten werden. Doch um ihr Potenzial voll zu entfalten, brauchen sie mehr als das, was unser Bildungssystem heute bietet. Es mangelt an praktischen Fähigkeiten wie finanzieller Bildung, kritischem Denken, dem richtigen Mindset, emotionaler Intelligenz und der Fähigkeit, an sich selbst zu glauben.

Genau hier setzt meine Vision an: Mit der »Galecki PowerKids gGmbH« möchte ich Bildung auf ein neues Niveau heben. Diese gemeinnützige Gesellschaft verfolgt das Ziel, Kindern das beizubringen, was sie in der Schule nicht lernen. Es geht darum, sie zu selbstbewussten, kreativen und verantwortungsvollen Erwachsenen zu machen, die nicht nur träumen, sondern ihre Träume auch verwirklichen können. Diese Vision ist mein Beitrag, die Welt ein Stück besser zu machen. Jedes Kind, unabhängig von Herkunft und Umfeld, soll die gleichen Chancen erhalten, sein Potenzial zu entdecken und zu entfalten. Denn Kinder sind nicht nur unsere Zukunft, sie sind die Grundlage für die Gesellschaft von morgen.

Doch allein kann ich diese Vision nicht verwirklichen. Hier kommst du ins Spiel. Du hast nun das Wissen, dein eigenes Leben zu verändern, und die Möglichkeit, Teil dieser Bewegung zu werden. Ob durch das Teilen von Wissen, persönliche Unterstützung oder eine Spende – jeder Beitrag zählt.

Gemeinsam Großes bewirken

Zeitgleich mit der Veröffentlichung dieses Buches habe ich eine sechsstellige Summe in die Gründung der »Galecki PowerKids gGmbH« investiert. Alle Einnahmen aus dem Buchverkauf sowie die Erlöse aus diesem Projekt fließen direkt in die Gesellschaft. Mein Team und ich arbeiten mit vollem Engagement daran, Kindern schon früh zu zeigen, dass ihr Horizont weiter reicht als das, was Schule und Umfeld ihnen vermitteln. Auf unserer Homepage findest du:

- Eine Ressourcenliste mit Büchern und Seminaren, die mir auf meinem Weg geholfen haben – Empfehlungen, die dir wertvolle Impulse geben können.
- Weitere Informationen zu unseren Projekten und Initiativen.
- Die Möglichkeit, unsere Bildungsprojekte durch eine Spende zu unterstützen.

Nutze den QR-Code am Ende dieses Kapitels, um Teil dieser Bewegung zu werden. Gemeinsam können wir Kindern die Schlüssel zu einem erfolgreichen, glücklichen Leben in die Hand geben.

Unsere Initiative unterstützt Projekte, die Kinder und ihre Eltern durch inspirierende Vorträge, Workshops und andere wertvolle Maßnahmen fördern. Das Ziel: Wissen und ein positives Mindset zu vermitteln – als nachhaltige Investition in die Zukunft unserer Gesellschaft.

Deine Reise beginnt jetzt

Dieses Buch erzählt meine Geschichte vom unglücklichen Fließbandarbeiter zum erfolgreichen und glücklichen Immobilienunternehmer. Es ist ein Weg voller Mut, Entschlossenheit und harter Arbeit. Doch letztlich liegt es an dir, welchen Wert du aus diesen Seiten ziehst. Du allein entscheidest, ob und wie du die Prinzipien aus diesem Buch anwendest. Sei mutig, setze deine Ziele um und werde die beste Version deiner selbst.

Wenn dich dieses Buch inspiriert hat und du einen Beitrag leisten möchtest, freue ich mich über deine Bewertung und, wenn du magst, eine Spende für unsere Bildungsprojekte. Jeder Beitrag hilft, unsere Vision Wirklichkeit werden zu lassen.

https://www.galecki-powerkids.de/spenden

Zum Abschluss möchte ich dich mit einem Gedanken von Vera F. Birkenbihl verabschieden:

> *»Erfolg ist nicht das, was man erreicht, sondern wer man dabei wird.«*[40]

Herzlichst,
Dein Michael Galecki

---

40 Dieses Zitat von Vera F. Birkenbihl unterstreicht, dass Erfolg nicht nur durch erreichte Ziele definiert wird, sondern auch durch die persönliche Entwicklung, die man auf dem Weg dorthin erfährt. Birkenbihl, V. F. »Erfolg ist nicht das, was man erreicht, sondern wer man dabei wird.« Die 20 besten Zitate von Vera F. Birkenbihl, https://loslassen.li/2023/02/18/die-20-besten-zitate-von-vera-f-birkenbihl/.; besucht am 08.04.2024.

Danksagung

Ein Herzensprojekt wie dieses entsteht nicht im Alleingang. Es wächst mit der Unterstützung und dem Glauben anderer. Deshalb möchte ich an dieser Stelle meinen tiefsten Dank aussprechen.

Mein erster und größter Dank gilt meiner Lebensgefährtin **Kristina**. Von der ersten Idee bis zur letzten Seite hast du an mich und dieses Buch geglaubt, als wäre es dein eigenes Werk. Du hast mir nicht nur den Raum und die Zeit zum Schreiben gegeben, sondern mich mit unerschütterlicher Geduld und Liebe begleitet. Du hast mit mir gefiebert, dich über Fortschritte gefreut und auf gemeinsame Momente verzichtet, während ich unzählige Abende in dieses Buch investierte. Ohne dich wäre dieses Buch nicht das, was es ist. Du bist ein Teil davon, ebenso wie du ein unersetzbarer Teil meines Lebens bist. Danke für deine Liebe, deine Unterstützung und dein unerschütterliches Vertrauen in mich.

Ein besonderer Dank gilt **Ulrike Luckmann**, meiner Autorencoachin. Deine professionelle Begleitung, dein scharfer Blick für Struktur und deine wertvollen Ratschläge haben mir geholfen, dieses Buch nicht nur zu schreiben, sondern es in seiner besten Form entstehen zu lassen. Du hast mir gezeigt, wie ich meine Gedanken ordnen, meine Botschaft klarer herausarbeiten und den Leser fesseln kann. Deine Geduld, deine Motivation und dein Glaube an dieses Projekt waren eine unschätzbare Unterstützung – dafür danke ich dir von Herzen.

Mein Dank geht auch an **Marc Galal**, dessen Seminare ein Wendepunkt für mich waren. Auf einem davon habe ich Ulrike kennengelernt und dort die Entscheidung getroffen, dieses Buch zu schreiben. Ohne diesen Moment wäre vieles anders verlaufen.

Ebenso danke ich **Dr. Stefan Frädrich**. Die Erfahrungen und Inspirationen, die ich durch **Greator** und das **Reality Upgrade** sammeln durfte, waren von unschätzbarem Wert und haben eine entscheidende Rolle auf meinem Weg gespielt.[41]

Zu guter Letzt möchte ich mich **bei allen Autoren bedanken**, deren Werke mich auf meinem Weg begleitet, inspiriert und gelehrt haben. Bücher sind wahre Schätze – sie enthalten das Wissen und die Erfahrungen jener, die bereit waren, ihre Erkenntnisse mit der Welt zu teilen. Ihr habt mich geprägt, motiviert und mir gezeigt, dass Wissen und Wachstum die Welt ein Stück besser machen können.

»Danke an Euch alle. Ohne Euch gäbe es dieses Buch nicht.«

41 Dr. Stefan Frädrich ist Gründer von Greator, einer führenden Plattform für persönliche Weiterentwicklung. Vgl. Greator. (2019). Dr. Stefan Frädrich: Raum für mehr Mut schaffen, https://greator.com/en/dr-stefan-fraedrich-mut/; besucht am 08.04.2025. Zudem leitet er das Programm Reality Upgrade, das transformative Retreats anbietet. Vgl. Reality Upgrade. (2024). Dr. Stefan Frädrich, https://www.reality-upgrade.com/en/team/stefan; besucht am 08.04.2025.

Zum Schluss – für dich.

Und vielleicht für jemanden, den du inspirieren möchtest.

Wenn du dieses Buch bis hierhin gelesen hast, dann hast du nicht nur meine Geschichte kennengelernt – sondern vielleicht auch eigene Gedanken, Zweifel oder Träume darin wiederentdeckt. Und wer weiß: Vielleicht hat sich in dir etwas bewegt, was du gerne weitergeben möchtest.

Bücher, die mich auf meinem Weg begleitet haben – und auch dir eine wertvolle Hilfe sein können –, findest du hier:

https://www.galecki-powerkids.de/ressourcenliste/buecher

Und noch etwas zum Mitnehmen:
Auf der nächsten Seite findest du einen kleinen QR-Code – gestaltet wie eine Visitenkarte. Er trägt meinen Namen, den Buchtitel und führt direkt zur Buchseite auf unserer Homepage. Du kannst ihn einfach ausschneiden und jemandem geben, der vielleicht genau dieses Buch jetzt braucht. Einem Freund. Einer Kollegin. Jemandem, der gerade an einem Wendepunkt steht.

So wird deine Lektüre zu einem Geschenk – das nicht endet, wenn du das Buch zuschlägst, sondern weiterwirkt.

Danke, dass du mitgelesen hast. Danke, dass du Wirkung hinterlässt.

Michael Galecki

Michael Galecki
Unternehmer, Investor und Autor

Vom
Fließband-Arbeiter
zum Immobilien-Millionär

Michael Galecki
Unternehmer, Investor und Autor

Vom
Fließband-Arbeiter
zum Immobilien-Millionär

Michael Galecki
Unternehmer, Investor und Autor

Vom
Fließband-Arbeiter
zum Immobilien-Millionär

Dein Weg zum Erfolg

Werde zum Schlüssel.

www.galecki-powerkids.de

Dein Weg zum Erfolg

Werde zum Schlüssel.

www.galecki-powerkids.de

Dein Weg zum Erfolg

Werde zum Schlüssel.

www.galecki-powerkids.de